对话青春
网络思政教育实践

DUIHUA QINGCHUN
WANGLUO SIZHENG JIAOYU SHIJIAN

王丽 著

复旦大学出版社

自 序

随着国际时局变革加剧,地区利益交错复杂,国内改革综合深化,政治经济持续发展,社会思潮历经嬗变,站在"两个一百年"奋斗目标历史交汇点上的新青年,在被寄予时代厚望、祖国重托的同时,也面临着社会变迁、青年特征赋予的青春的烦恼。青年处在价值观塑造、思维方式形塑的社会化关键过渡期,处在节奏快、压力大的竞争焦虑中。因此,无青春不迷茫,没青春不烦恼。

聚焦青春的烦恼、青年的需求,综合运用社会学、社会工作、心理学、生命科学等多学科知识,结合大学生思想政治教育与课程思政工作经验,我开启了"青春没烦恼"系列思政微视频的制作与发布。该系列包括学术科创、日常生活、人际交往、生涯规划、认知自我5个篇章。本书就是在此网络思政教育实践的基础上提升凝练而来,分为学术科创、社会生活、生涯规划、人际交往4章。

在学术科创篇,我们共同探讨如何面对智力的不公平性、如何提高学习效率、如何培养独立思维、如何发表高影响因子论文、如何更好地结合"万卷书和万里路"、如何面对记忆的衰退和欺骗性等一系列话题。

在社会生活篇，我们共同解析味觉、嗅觉、视觉、听觉等世界的奥秘，共同探讨减肥、失眠、做梦等问题，共同解读买房先机、全球变暖、理性消费、高校扩招等社会现象。

在生涯规划篇，我们共同探讨如何才能做到平凡但不普通、如何面对心理预期与现实的落差、如何看待迷茫与奋进青年、如何做好目标的设定与路径规划、如何面对焦虑和压力、如何面对竞争的不公平性、如何提升制作简历与面试的技能等一系列实用议题。

在人际交往篇，我们共同讨论爱恋关系的生理和心理密码、恋爱中男女情感需求的差异、如何面对亲密关系带来的消极情绪、如何把握独处与社交之间的分寸感、如何面对社会期待与内心坚守等人际交往相关问题。

全书共有80期的青春对话，兼具理论意蕴与社会情怀。每期设置一个青春的烦恼情境，对应或暖心或理性或温情的解忧心语。在写书过程中定期更新视频的紧张与喜悦之情依旧清晰。多媒体的发展使我们进入眼球经济社会，网络成为意识形态和思想政治教育工作的主阵地，网络思政成为我们思想政治教育教师的业务主线和工作重心。愿这部"有声"的网络思政教育实践可以陪伴广大青年乐观向上、积极健康地成长，可以与从事思政工作的同仁们拔剑论道、共同进步。

目 录

自序 / 1

第 1 篇　学术科创　/ 1
  1-1　为什么有些人天生聪明？ / 3
  1-2　如何面对基因与社会性的多样性？ / 6
  1-3　为什么感觉我的记忆力越来越差了？ / 9
  1-4　记忆是否具有欺骗性？ / 12
  1-5　如何提高学习效率？ / 15
  1-6　如何提高自我效能感？ / 18
  1-7　如何提高批判性思维？ / 21
  1-8　如何更好地结合"有字书"和"无字书"？ / 24
  1-9　做实验经常失败怎么办？ / 27
  1-10　如何写出高影响因子论文？ / 30
  1-11　本我、自我和超我 / 33
  1-12　对心理动力学理论的批评 / 36
  1-13　无条件的爱难在哪里？ / 39
  1-14　自我的防御机制 / 42

1-15　新生适应性困难　/ 45
1-16　知识即美德　/ 48
1-17　抢占宣传阵地，弘扬主流文化　/ 51
1-18　奋斗的青春最难忘　/ 54
1-19　建立全民终身学习型社会　/ 57
1-20　两种阅读游戏　/ 60

第2篇　社会生活　/ 63

2-1　味觉的世界有哪些奥秘？　/ 65
2-2　视觉的世界有哪些奥秘？　/ 68
2-3　是什么决定了你的体重？　/ 71
2-4　减肥焦虑症从何而来？　/ 74
2-5　为什么我的睡眠质量不高？　/ 77
2-6　日有所思，夜有所梦　/ 80
2-7　催眠的世界　/ 83
2-8　记忆中被爱的味道　/ 86
2-9　听觉的奥秘　/ 89
2-10　感觉的奥秘　/ 92
2-11　从买房的时机聊先见之明　/ 95
2-12　从全球变暖问题看国界与国家　/ 98
2-13　规矩不能坏，底线不能破　/ 101
2-14　自然灾害中的不平等　/ 104
2-15　女为悦己者容？　/ 107
2-16　如何看待我们的身体这一无形资源？　/ 110
2-17　从消费主义看79元的眉笔贵不贵　/ 113

2-18　努力是一种生活方式　/ 116
2-19　高校扩招与就业压力　/ 119
2-20　年代的青春　/ 122

第3篇　生涯规划　/ 125

3-1　生涯规划的重要性　/ 127
3-2　青年在选择职业时的思考　/ 130
3-3　迷茫青年与奋发青年　/ 133
3-4　人生设计理论　/ 136
3-5　大学竞争在前3年　/ 139
3-6　竞争中的取舍与坚守　/ 142
3-7　简历制作的格式要点　/ 145
3-8　简历制作的内容要点　/ 148
3-9　笔试和面试的心法　/ 151
3-10　如何增强面试的表现力？　/ 154
3-11　人格特质论　/ 157
3-12　星座为什么看起来准？　/ 160
3-13　为什么我们容易以貌取人？　/ 163
3-14　能力与形象哪个更重要？　/ 166
3-15　职业隔离　/ 169
3-16　从"大龄剩女"看家庭角色与职业性别的关系　/ 172
3-17　什么是情感或职场"PUA"？　/ 175
3-18　从全红婵一战成名拆解卓越的通用过程　/ 178

3-19 贫穷文化 / 181
3-20 人类的理性选择 / 184

第4篇 人际交往 / 187

4-1 爱的生物学密码 / 189
4-2 爱的心理学密码 / 192
4-3 爱情的烦恼 / 195
4-4 爱恋关系的类型 / 198
4-5 男人来自火星，女人来自金星 / 201
4-6 如何面对分手？ / 204
4-7 什么是社会支持？ / 207
4-8 美女为什么爱宅家？ / 210
4-9 态度视角下的"会说话" / 213
4-10 社交礼仪 / 216
4-11 个人主义与集体主义 / 219
4-12 是什么决定了我们的人格气质？ / 222
4-13 人格交互决定论 / 225
4-14 父母与朋辈对人格的影响 / 228
4-15 从物化男女现象看相似的模式 / 231
4-16 透过模式看模式 / 234
4-17 君子群而不党，小人党而不群 / 237
4-18 为什么我们不爱多管闲事了？ / 240
4-19 来自自己人的吐槽 / 242
4-20 学会倾听 / 245

致谢 / 248

第 1 篇

学术科创

1-1
为什么有些人天生聪明？

烦恼情境

我已经很努力了，成绩还是不好；成绩好的同学看起来学得很轻松。学霸是天生比我聪明吗？"天生不聪明"的我应该怎么办？

少年：丽姐，原来我在高中的时候成绩名列前茅，所以才能考来南京大学。但进入大学后，比我聪明的人太多了，作为我的本科辅导员，您知道我本科阶段学分绩点相对靠后，是踩线保研的。

王丽：是的，幸亏我们南京大学生命科学学院拥有拔尖计划的双基地班，保研率超级高。作为专业招生人，我必须打波广告："选择南京大学生命科学学院，超高保研率助力你的科研创新发展之路。"

少年： 对，欢迎广大优秀学子成为我的学弟学妹。在本科阶段我充分地感受到来自学霸的碾压。到了研究生阶段，我还是会时常感慨有些人就是比我聪明。明明自己已经很努力了，但结果却不如看起来学习得很轻松的同学，莫名会有种无力感。丽姐，你说是不是有人天生就聪明？

王丽： 我们通常用智商分数（IQ）作为智力的衡量标准。所谓 IQ，是指一个孩子与其他同龄儿童相比的智力表现，或者一个成年人与其他成年人相比的智力表现。到底是什么影响着人们的智力呢？是天生聪明还是后天努力更重要？

少年： 有项关于双胞胎的遗传力研究表明，同卵双胞胎的相关性总是高于异卵双胞胎，分开抚养的同卵双胞胎的相关性也比一起抚养的异卵双胞胎的相关性高。智力在一定程度上是可遗传的，并且随着年龄的增长，基因的作用会逐渐增大。

王丽： 但不可否认，我们也无法忽视环境对智力发展的作用。正如国际公共数据表明，发达国家的 IQ 分数在整个 20 世纪都在稳步提升。对于个体来说，学习课程、演奏乐器、参加创新训练等方法都可以激发我们的注意力、记忆力，从而有助于提高智力。人在社会中，基因和环境的相互作用形成每个人独特的智力及人格特征。

解忧心语

　　智力在一定程度上是可遗传的。即使一时学不好,也不要给自己太大压力。后天努力和环境塑造对智力的发展同样重要。我们要多学习、多尝试、多经历。

视频 1-1
为什么有些
人天生聪明?

1-2
如何面对基因与社会性的多样性？

烦恼情境

有人说,"人生最大的不公平是智力不公平"。而且感觉聪明的人还比一般人更加努力,所以周围很容易出现琴棋书画样样精通、诗词歌赋十项全能的同学。面对不断加剧的竞争压力,我们应该如何调试自己的心态?

少年:"龙生龙,凤生凤,老鼠的儿子打地洞"。遗传对人类基因,特别是对智力的影响不言而喻。有人说,"人生最大的不公平是智力不公平"。面对这样的先天性不公平,我们很容易在感慨别人聪明的同时,感到有一点点自卑或者说气馁。为什么大家的智力会存在差异呢?

王丽:在我的理解里是因为大自然喜欢基因的多样性。物种的生存能力取决于它的多样性。如果每只猩猩、每只熊猫都拥有完全相同的基因优势和劣势，那么一旦面临重大环境变化，整个物种都可能被消灭。类比可知，为了人类的存续，我们的基因需要多样性，大家的智力就会有差异性。

少年：不仅智力等生理因素具有多样性，人们的心理也具有多样性。每个人都有优秀的一面，无论是艺术天赋、学术潜力、创造力、社交技能、运动能力，还是幽默感、道德感。作为社会中的一员，我们要获得更好的生活，就应该注重发展自己的多样性。

就像丽姐经常跟我们说的，"每个人都可以优秀得不一样。而且大家只有努力优秀得不一样，我们这个集体才可以获得更好、更持久的发展"。

王丽：在日新月异、迭代迅速、竞争加剧的当下，人们很容易感到焦虑。其实，很多时候焦虑是源于我们如何看待社会、他人与自己的关系，更确切地说，是与我们选择的参照系和对照组有关。当我们把整个世界、整个社会作为参照系，我们将能够更多地感受到机会和资源的丰富。相反，如果把目光局限在眼前的小圈子里，把他人特别是身边人作为自己的对照组，就很容易产生担心落后的竞争感和焦虑感。当我们更多地关注自己，把昨天的自己、上一秒的自己作为参照组，就会为自己每一份努力、每一点进步感到欣喜。

所以，愿我们都能够练就强大的屏蔽力，仰望星空、关注自己、砥砺前行。

解忧心语

每个人都可以优秀得不一样。选择不同的参照系,体现了对世界、他人与自己关系的不同认知,决定了我们面对基因与社会多样性的不同心态。关注自己,砥砺前行。

视频 1-2
如何面对基因与社会性的多样性?

1-3
为什么感觉我的记忆力越来越差了？

烦恼情境

年纪轻轻却感觉自己的记忆力越来越差了，怎么办？文科生的记忆力天然比理科生好吗？如何才能提高我们的记忆力呢？

少年：我感觉我的记忆力越来越差了，只要有其他事情一打岔，就很容易忘记前面安排好的事情。文献看完了，也很容易忘掉，很多时候需要反复地看才能记住。丽姐，都说你的记忆力特别好，有没有什么秘诀可以传授？

王丽：虽不至于一目十行、过目不忘，曾经的我还是可以很自恋地说自己的记忆特别好。最经典的案例是，高考前我们经常玩的一个复习游戏就是对高中所有的历史课本里任意一本的任意知识点相互提问，我可以接住所有同学的任何提问，不管问题的答案在课本哪个角落，不管是大字还是小字。但是通常很多同学很难扛得住我的 3 个问题。

少年：太厉害了！是不是文科生的记忆力都比较好？作为理科生的我，看到满眼的字就容易头晕。

王丽：我觉得这不是记忆力好坏的差异，可能是文科生与理科生思维偏好的差异。文科生相对对文字比较敏感，理科生相对对数字比较敏感。要更好地了解记忆力，我们首先需要弄清楚记忆是如何形成的。

少年：关于记忆，有个非常经典的"三箱模型"，它指的是我们的信息加工过程包括感觉记忆、工作记忆、长时记忆 3 个记忆系统。感觉记忆就像一个储物箱，接收来自环境的信息，做出高速的分辨处理，一部分直接遗忘，一部分进入工作记忆，进行有意识的加工，从而成为长时记忆。

王丽：根据这个理论，回想在学生时代我的记忆力显得特别好的一个很重要的原因可能是，我对信息的接收与处理在某种程度上非常单一，或者说非常"专一"。那时我感兴趣的事物很少，最大的乐趣就是翻看政治、历史课本。因此能够通过感觉记忆、进入我的工作记忆和长时记忆的信息就会比较少，记忆的单位利用率就提高了，自然有助于提高记忆力。由此可见，在信息爆炸的花花世界，减少感兴趣的内容、对记忆信息的摄入严把入口关，有利于提高我们的记忆效率。

解忧心语

　　文科生与理科生的思维偏好有所不同。文科生相对对文字比较敏感,理科生相对对数字比较敏感。根据记忆形成的"三箱模型"理论,心无旁骛有助于学有所成。

视频1-3
为什么感觉我的记忆力越来越差了?

1-4
记忆是否具有欺骗性?

烦恼情境

看书总是记不住,怎么办?考试前如何才能"抱好佛脚"?近期发生的事记不住、但很多小时候的记忆却很清晰,这是为什么?

少年: 丽姐,每次期末复习理科生面对很多文字性的内容就特别痛苦,感觉看完就忘了,一点儿都记不住。记忆的遗忘有没有什么规律?

王丽: 著名的"艾宾浩斯遗忘曲线"表明,人们记忆的信息在短期内会迅速被大量遗忘。随着时间的流逝,遗忘的速度会逐渐变慢,记忆趋于稳定。从小到大,老师经常跟我们说,课后要及时复习,每隔一段时间要做阶段性复习,并且间隔的时长可以越来越久。这是有科学依据并且经过实践证明的,大家要充分利用遗忘的规律做好复习。

少年：我发现一个有意思的现象，年纪特别小时按理说记忆力应该不强，但为什么有些小时候发生的事情我却感觉记得特别清楚？

王丽：首先，记忆是具有选择性的。能够让你记忆犹新的一定是能够特别引起情绪和认知共鸣的事件。另一方面，家人亲朋是不是会经常说到你的童年趣事？你对童年的记忆是不是与家人亲朋所聊的趣事很相似？我们小时候的记忆是否真的完全来自当时的事实？

少年：这启示我们，记忆具有重构性。我们经常听到、讨论、思考的事件会激发想象力的活跃程度，也会促使我们相信事情真的就是这样发生的。这就是为什么随着童年的经历经常被提及，我们对这些经历就会越来越熟悉，感觉也越来越真实。

王丽：事实上记忆被重构现象比我们意识到的要频繁得多。除了童年经历、爱情故事，我们的记忆也容易受到引导性问题、暗示性评论和误导性信息的影响。常见的诱导性提问主要有3类。第一，重复性提问，诱导回答者对自己的答案产生怀疑。比如，你上次考了多少分？95分吗？你确定吗？当被重复追问时，回答者往往容易出现迟疑的现象。第二，强制性提问，用提供的可选项限制回答者的作答范围。比如，早餐你想吃包子还是面条？这个提问看似给了你选择权，实际上已经提前确定好供你选择的范围。第三，确认性提问，用提问加强对问题立场的肯定。比如，你说如何让官员不贪腐？这个提问是建立在官员会贪腐的基础上的,通过提问进一步强化这个立场。

> **解忧心语**
>
> 　　记忆的遗忘和重构充满奥秘。在日常生活中,提问、说话也可能暗含玄机。大家要谨慎辨别,不要被记忆欺骗。

视频 1-4
记忆是否具
有欺骗性?

1-5
如何提高学习效率？

烦恼情境

为什么即使很聪明的人也会出现学习效率低下的状态？如何才能激发学习热情、提高学习效率？赞赏式教育有何弊端？

少年： 在很多人眼中我们能够考入南京大学，可能都是学霸的存在。即便如此，我还是会有学习状态低迷、效率不高的时候。作为一名带过很多学霸的辅导员，丽姐有什么学习秘诀可以分享给大家吗？

王丽： 其实，每个人都会有自己的学习方法和习惯。孰优孰劣，难以一概而论。首先我们可以来了解什么是学习。心理学对学习的定义是由经验引起的相对永久的行为变化。最基本的一种学习是环境刺激和生物体行为之间的联系，我们称为"条件反射"。

少年：您这是不是把我们比喻为小狗，与著名的"巴甫洛夫训狗"实验挺相似的。当我们学习成绩好的时候，就会得到鼓励、赞扬甚至奖励；当成绩不理想的时候，就会被埋怨、批评甚至惩罚。就这样我们被训练成为一只只勤奋学习的"小狗"。

王丽：你的解读太可爱了，生动地反映出学习被强化、被塑造的过程。也就是说，我们可以通过实施奖励、惩罚等措施来刺激、调整学习行为。当把某些令人愉快的刺激或结果与学习联系在一起时，将会有助于提高我们学习的积极性。例如，约定好做完一份试卷就奖励自己吃个小蛋糕。

少年：那是不是为了提高学习效率，我们要疯狂地奖励自己？感觉现在非常流行奖励式、赞赏式教育。

王丽：过犹不及，滥用奖励也会引发一定的反作用。过分地给予赞美、金钱、礼物等外在刺激，将会破坏学习本身及思考过程所带来的乐趣，降低我们的内在成就动机。久而久之，学习就会变成一种获得奖励的手段或者实现某个目标的任务。在生活中，老师和家长在引导同学的学习过程时应该把握好外在刺激物与内在成就感的平衡，不要陷入非此即彼的思维陷阱。

解忧心语

　　学习是可以被塑造、被强化的过程。适当地把某些令人愉快的刺激或结果与学习联系在一起，有助于提高我们学习的积极性。但过犹不及，我们需要把握好外在刺激物与内在成就感的平衡。

视频 1-5
如何提高学习效率？

1-6
如何提高自我效能感？

烦恼情境

同样的课程、同样的老师，为什么同一班级学生的学习效果却参差不齐？为什么有人听课就容易犯困，有人却越学越起劲？

少年： 丽姐，为什么很多时候有些同学看起来萎靡不振，像没睡醒一样？为什么你看上去总是学得特别快、学得特别轻松，总是看起来活力满满？

王丽： 我老是像打了鸡血一样，还有点欠揍的"迷之自信"，对吗？其实，从心理学的视角来看，这说明我的自我效能感比较高。所谓自我效能感，指的是相信自己能够实现预期的结果，比如掌握某种新技能、达到某项新目标。毫无疑问，高水平的自我效能感有利于提高我们的学习科研效率。

少年：既然要相信自己能够实现预期的结果，那么目标的设定就十分重要。

王丽：我认为一个好的目标、一个能激发自己动力的目标需要具备3个条件：第一，目标要具体。我今天要努力看文献，远没有"我今天要看完3篇文献"更加清晰明确。第二，目标要具有一定挑战性，要努力地跳一跳才能够实现。当然，切忌好高骛远。让人望而生畏的目标激励效果肯定不理想。第三，目标要聚焦自己真正想要的。在生活中，人们的目标大致可以分为两类：一是表现目标，是为了在别人面前表现良好、受到好评；二是掌握目标，以提高自己的某些能力和技能为目标。更具体地来说，表现目标是建立在他人的评价体系上的；掌握目标则聚焦自我的成长，是我们真正想要的。

少年：确实，如果我们的目标是为了获得别人的赞赏，那么当我们遇到挫折或者暂时不被认可时，就很可能陷入悲伤甚至放弃努力。但如果我们学习的目标是为了自我成长，我们就会明白，学习需要时间，也必然会历经失败与磨难。掌握目标从根本上为我们的学习、工作、生活提供强大的动力。

王丽：唯有坚持掌握目标、磨砺毅力、练就强大的自我控制能力，才能在面对花花世界的诱惑时，始终聚焦目标、砥砺奋进，迎来春暖花开。

解忧心语

要相信自己可以,提升自我效能感。要树立具体的、具有挑战性的掌握目标,为学习和工作提供强大动力。

视频1-6
如何提高自我效能感?

1-7
如何提高批判性思维？

烦恼情境

都说要培养拔尖创新人才、培养批判性思维，但是应试教育让我们习惯于追求正确答案。老师也经常说"做学问要有问题思维"。到底应该如何提高问题意识、提升批判性思维呢？

少年：丽姐，就像你经常说的，"上大学为什么重要，是因为我们念大学的这段时间重要。因为十七八岁正是我们人生观、世界观、价值观的塑造期"。大学阶段的学习也将进一步形塑我们的思维方式。都说对于学习和科研来说，最关键的是要培养批判性思维。你怎么看呢？

王丽：大学阶段我们的脑力和体力都处在迅速发展的高峰期。学习是为了提高我们分析问题、解决问题的能力。面对摆在面前的浩瀚信息和多种可选项,如何进行思考,也就是所谓的思维方式,奠定了我们能力高低的基础。批判性思维指的是权衡、比较对立观点或事实以确定最佳方案的过程。

少年: 在生活中很多时候我们会依靠直觉作判断。正如丹尼尔·卡尼曼在《思考,快与慢》一书中提出:"快"思考适用于直觉化、情感化的自动化决断;"慢"思考则需要智力上的努力。

王丽: 要做到理性思考、提高批判性思维,需要我们克服心理、信息、时间上的多重障碍。常见的障碍有3类:一是自尊性障碍,当我们的自尊依赖于赢得争论或者捍卫权威,你就很难以开放的心态去接收、分析对立性、竞争性的观点。二是情感性障碍,人们做判断时很容易受类似经历的情感影响,从而难以做出客观评价。比如,"一朝被蛇咬,十年怕井绳"。三是描述性障碍,人们的决定很容易受到选择的呈现方式或者描述的框架性影响。比如,你会选择一张有 1% 的概率中奖的彩票,而不是一张有 99% 的概率不中奖的彩票。在数学上这是完全相同的事情,只不过描述的方式不同而已。

少年: 原来要成为一个拥有批判性思维的人,需要克服很多障碍、历经智力上的磨砺。我们要充分利用大学校园多元宽松的环境、大学课堂自主翻转的氛围,解放思想,勇于质疑,追求真理,学习成长为自信自强、求真务实的新时代青年。

解忧心语

在大学阶段，我们的脑力和体力都处在迅速发展的高峰期。提高批判性思维，需要我们克服心理、信息、时间上的多重障碍。新时代青年应当自信自强、求真务实，积极解放思想，勇于质疑，追求真理。

视频 1-7
如何提高批判性思维？

1-8
如何更好地结合"有字书"和"无字书"？

烦恼情境

都说"读万卷书，行万里路"。但学生时代学业压力大，又有点囊中羞涩，无法同时两全，这该怎么办？是攒钱在寒暑假旅行，还是投身于校园公益和社会实践？

少年：学习是为了提高分析问题、解决问题的能力。在很多情况下，我们发现高学历并不完全代表高能力，在极端情况下，甚至会引发"百无一用是书生"的感慨。丽姐，对此你怎么看？

王丽：我认为学习并不等于学历，学习的内容和途径是多元的，并不限于书本和课堂。社会认知学习理论中的交互决定论强调，环境与个体因素在个人特质形成的过程中是产生双向交互作用的。神经的可塑性实验说明，人的大脑具有响应新经历而做出改变的能力。学习不仅仅是"读万卷书"，也可以是"行万里路"。读好"有字书"，磨炼智力，求索科学；读好"无字书"，观察世界，实践社会。

少年： 世界那么大，我想去看看。但由于经济、时间等因素的限制，游历祖国山川、体验社会冷暖在很多时候会变成一种奢侈的向往。丽姐，如何才能做好"有字书"与"无字书"的结合呢？

王丽： 这个问题在我的"生涯规划"讲座中确实有同学也问过。在一时难以两全的情况下，孰先孰后、孰轻孰重？我个人的建议是，对低年级同学而言，读好"有字书"是主职，与古代先贤、时代能人进行思想上的碰撞，建立学科交叉的宽厚的知识储备，形成具有批判性的理性思维。与此同时，关注并充分利用学校提供的暑期社会实践、志愿服务、创新创业、就业实习等多元链接社会的机会。也就是说，低年级的同学可以先充分地了解、探索大学这个"小社会"。

随着年级的增长、知识储备的增加、社会经历的丰富，我们更多地需要去思考：为什么相同的经历，身处其中的同学收获会不同？我参与这个项目是为了什么、收获了什么、留下了什么？也就是说，我们要学着去做选择、做取舍，要精读、读精"有字书"和"无字书"，用知识的力量提升社会实践的温度和深度，用社会阅历开拓自我学习的眼界与格局。

解忧心语

　　世界那么大，我想去看看。可惜有钱和有闲在青年时代难以两全。所以，低年级同学关注"小社会"，精读"有字书"；高年级同学游历"大世界"，读懂"无字书"。

视频1-8
如何更好地结合"有字书"和"无字书"？

1-9
做实验经常失败怎么办？

烦恼情境

做实验手气总是很背，经常功亏一篑。建好的模型也容易一次次地运行失败。虽说科学研究是一个不断试错的过程，但总是失败，心里还是很难受、还是容易抑郁。那么，应该如何面对科研道路上的坎坷呢？

少年：丽姐，我做了两周的模型，结果又错了。项目催得又急，真郁闷。身边同学也是，跟我的建模实验一样，熬了几天，实验还是失败了。有的同学就很幸运，同样的实验，他做出来的数据就很好。博士这几年，失败、重来、再失败、再重来，已经成了家常便饭。对此你怎么看？

王丽：虽然我担任了 6 年生命科学学院的辅导员，"泡"久了就多多少少有点生物学的感觉，但具体指导实验还是学术导师的职责范围，我不敢班门弄斧。我就从心理学的角度简单分析如何面对实验经常失败所带来的压力，主要有问题关注策略和情绪关注策略两种应对方式。

问题关注策略，包括情境重评、汲取经验和进行社会对比3个步骤。情境重评是说，虽然肯定会有失望难过，但你可以从不用的角度去看待失败的实验。比如，它至少是一个试错的过程，或者它进一步磨炼了你的实验技术。汲取经验是说，复盘实验过程，仔细挖掘问题出在哪里，为下次实验做好优化准备。进行社会对比是说，善于用对比充实信心。比如，这个模型错了，重来可能就是浪费点电费；有的实验错了，还要浪费耗材；做水稻类的同学还得等作物的生长周期。有实验可以错，也总比对课题没想法、甚至没课题的情况要好点，对吧？

少年：丽姐，看来做研究、做实验很多时候还需要点"阿Q精神"。其实，导师也会从实验设计到实验过程，帮我们一起分析失败的原因。但很多时候因为实验总是失败，导师的压力也很大。

王丽：要缓解压力，学生和导师都需要学习情绪关注策略，让自己更加乐观。乐观，首先是要有责任心。要能够真正享受工作，就要对发生在自己身上的事情有控制感。所以，增强对课题、对实验安排的控制感，有助于缓解压力。其次是可以积极发挥社会支持的作用，增强自信。将失败的经历、承受的压力、懊悔的原因等向亲人、朋友和同学倾诉，可以对自己说，也可以写下来。

少年：我们还可以去跑步、游泳，通过运动增强多巴胺的分泌,或者听听音乐、放空冥想,让自己更潜心专注。愿我们在科研的道路上,不怕跌倒,不畏重来,乐观向上,砥砺奋进。

解忧心语

换个角度看失败,"失败是成功之母",它起码告诉你这样不行。面对人生坎坷、失败挫折,我们需要点"阿Q精神",增强对科研进度的掌控感,积极发挥社会支持的力量,通过运动、冥想等方式获得快乐与心宁。

视频 1-9
做实验经常
失败怎么办?

1-10
如何写出高影响因子论文？

烦恼情境

高影响因子论文是科研道路上的硬通货。大家带着对高水平论文的向往，历经无数次的尝试与失败，砥砺前行。究竟如何才能写出高影响因子论文呢？

少年： 90后博士生谢同学3年切了1.5吨花菜。他们课题组解析真核生物RNA聚合酶的分子结构，找到了最后一块"拼图"，发表了一篇 Science 文章。看到业内小伙伴优秀的成果，与自己的论文被接受一样感到欣喜。丽姐，怎样才能发出高水平论文？

王丽： 作为一名曾经的辅导员，作为一名招生老师，我首先聊一个万能的话术——热爱。正如著名作家雷·布拉德伯里分享自己的长寿秘诀时所说，"做你爱做的事，爱你所做的事"。前半句我们把它叫作"兴趣",后半句叫作"责任"。只有把科学研究的兴趣内化成一种责任和使命,才能够承受得住切 1.5 吨花菜的枯燥,才能够经受无数失败的 3 年多的日夜,最终"守得云开见论文"。

少年:回想读研的初衷是在本科课程学习中对生态学最感兴趣,所以才选择了生态学大数据的研究方向。在被数据、被模型虐了无数次,在导师的指导下反复探究,我渐渐地爱上了这份"苦中作乐"的科研事业。

王丽:说起发论文,我曾有幸听过我们南京大学生命科学学院一位德高望重的科学家的讲座,他发表过多篇高水平论文,我至今记忆犹新。如果我没有理解错,重要的至少有 3 点:一看选题。经过头脑风暴,在他和团队成员的脑海中始终有个长长的清单,记录着他们想到的课题。二等时机。需要辩证地分析每个课题灵感实施的基础和潜力。比如,有些课题需要的人力和物力超出课题组现有实力,有些课题需要的关键性技术或设备还没有被突破,那就只能暂时放在等待清单里,时刻关注着,等到时机一到,立马上马。因为首发性和首创性是科学研究最重要的特征之一。三需坚持。诺贝尔奖获得者、中科院外籍院士丁肇中说过,"科学研究一定是少数人战胜多数人的过程",如果很多人都能发现、都能预见,那就没你什么事了,对吗?所以,遇到挫折和失败是正常的。人云亦云、一帆风顺只能是假象。因此,唯有千锤百炼才能成钢,与大家共勉。

> **解忧心语**
>
> "做你爱做的事,爱你所做的事"。科研是兴趣,更是一种责任。真理掌握在少数人手里,挫折失败不可避免。写好论文,一看选题,二等时机,三需坚持。

视频1-10
如何写出高影响因子论文?

1-11
本我、自我和超我

烦恼情境

都说"最难的不是认识世界、认识他人，而是认识自己"。随着不断长大、社会化过程加剧，我们仿佛更难坚守真正的自己。是听从权威、服从集体，还是坚持自己？

王丽：每当我跟同学们说，"进入大学你才开始真正地认识自己"。就有同学会笑。连10岁的小侄子在读到我的书中"我是谁"的时候也会笑，心想"我还能不认识自己"？其实，在学习社会学、心理学的基础上，随着人生阅历的增长，我逐步明晰一个观点——人终其一生最重要的课题就是认识自己，认识在不同关系、不同情境、不同境遇下的自己。说到"认识自我"，你会想到什么？

少年：我最熟悉的就是弗洛伊德的人格理论。著名的奥地利心理学家、精神分析学派创始人弗洛伊德将人格定义为个体行为、思想、动机和情绪的独特且相对稳定的模式，具有跨时间和跨情境的稳定性。由于强调人内在的心理能量的运动，弗洛伊德人格理论也被称为心理动力学理论。

王丽：是的，弗洛伊德认为人格是由本我、自我和超我3个主要系统组成。本我，是无意识的，是获得快乐、避免痛苦的原始欲望。超我代表良知、道德、权威等社会规范。自我，是指理智的判断和理性的自我控制，是本能欲望和社会标准的调节者。健康的人格需要保持本我、自我和超我的系统性平衡。我们所遇到的人格与自我的困惑或危机，都是由这3个系统之间的相互作用引起的。

少年：我记得老师说过，一个人自我强大或者说内心强大的重要标志就是他能够更关注自己的内心需求，不介意社会的评价标准和别人的眼光。也就是说，我们要更多地正视释放自己的本我、合理调节约束自我的超我，对吗？

王丽：由于人的成长及社会化始终伴随着习得规范、遵守法律道德的过程，久而久之，服从权威与集体成为人们的惯性。缺乏批判性思维和原创性能力成为现代教育和人才培养的关键难题。如何在追求正确答案、听从老师教导、服从集体决定的过程中保持自我的独立思考、提升批判性思维，如何在释放本能与尊崇超我中寻得自洽、把握平衡，是形成健康且强大人格的关键所在。

解忧心语

  人终其一生最重要的课题就是认识自己。健康的人格需要保持本我、自我和超我的系统性平衡。对权威、外界评价保持谨慎,释放本能生命力,才能提升批判性思维,形成健康且强大的人格。

视频 1-11
本我、自我和超我

1-12
对心理动力学理论的批评

烦恼情境

　　弗洛伊德的梦的解析、人格理论真的那么神奇,可以看清我们的自我?人文、社科理论在于自圆其说。"一家之言"在名满天下的同时,是否也会受到批判?

　　王丽:弗洛伊德的精神分析学派对于心理学乃至文学、电影等艺术领域产生了深远重大的影响,让我们的生活多了几分神秘的感觉。但随着现代科学的发展,心理学家在肯定弗洛伊德学术成果与影响的基础上,也对心理动力学理论发出3点主流的批判声音。第一,缺乏可证伪的科学性。很多心理动力学理论中的无意识动机、本能欲望的概念是不能被实验或逻辑证伪的。它们往往来源于直觉相信或者经验支持。我觉得这一点也是社会科学整体所面临的挑战,或者说这是社会科学与自然科学最重要的差别之一。

少年：第二个受到批判的点在于从部分非典型人群的经验中得出普遍原则。也就是说，弗洛伊德是从自己接触或者治疗的心理或者精神疾病患者的症状来推及整体心理动力原则。这符合个案研究的方法，但也很容易因为缺乏大量具有代表性的样本与科学的实验对照，从而导致推理出问题。

王丽：这一点的争论也出现在社会学个案研究与定量研究的优劣对比中。从社会科学发展的角度来看，我们应该厘清不同研究方法的使用范围、优势特长与研究局限，根据实际需要选择更合适的研究方法。第三点批判是说，弗洛伊德的人格发展理论是建立在成年人的回溯性叙述上的，因为记忆容易受到后续生活经历的影响，难以保证准确性和真实性。

少年：回溯性叙述会让你容易产生事件之间存在因果关系的错觉。比如，如果小时候父母外出打工，你被寄养在亲戚家，长大后会比较内向、容易害羞、缺乏安全感。在回溯性的叙述中就倾向于把这两个事件作为因果联系在一起，但事实上导致你内向、害羞的因素可能有很多。

王丽：回顾对弗洛伊德心理动力学理论的批判，更多地是为了让大家能够更加全面、更加辩证地对待有意识或者无意识的心理学自我的解释或者投射，从而让我们更加清醒。

解忧心语

摆脱自我认知的玄学，需要明确对心理动力学理论的三大主流批判：第一，无法被证伪；第二，缺乏大量具有代表性的样本与科学的实验对照；第三，回溯性叙述难以保证其准确性和真实性。

视频1-12
对心理动力学理论的批评

1-13
无条件的爱难在哪里？

烦恼情境

父母对孩子的养育是不是无条件的？爱情是不是无私的？生活中存在没有任何附加条件的爱与帮助吗？如何才能最大效率地发挥个人的主观能动性？

少年：遗传、环境对人格特质的形成有着交互作用的影响。人本主义从个人的角度出发，探讨人类所具有的决定自己行为和未来的独特能力。

王丽：人本主义心理学强调个人成长、顺应力和实现自我的潜能。比较著名的人本主义心理学家亚伯拉罕·马斯洛把人格发展看作一个逐步走向自我实现的过程，提出了著名的马斯洛需要层次理论，认为从生理、安全、爱与归属、尊重到自我实现，人的需要是按照次序实现的。

少年：我在课上听丽姐讲过人本主义心理学家卡尔·罗杰斯关于"抱持"的理念。他认为，人的行为取决于自我的主观能动性。我们要相信个体可以充分地发挥自我功能，给予他们无条件的积极关注。不附加任何条件地去爱和支持我们想要关心和帮助的人。

王丽：这一理论对于孩童的成长十分关键。很多父母在抚养孩子的过程中给予的是有条件的积极关注，"如果小孩表现得好，就会给予鼓励和奖励；如果表现不好，就会给予责备，甚至表现厌恶"。在成年人的亲密关系中也经常是有条件的爱，会因对方的反馈而调整付出。生活中要真正给予对方"抱持"的态度，做到无条件的关注与爱确实很难。因为日子久了，我们似乎很容易忘却初心。比如，孩子刚出生时，爱他是因为血缘天性；美好的爱情最初源自彼此吸引，并没有附加条件。

少年：不忘初心之所以难，有个重要的原因是我们的人生要面对一些不可避免的困难与挑战。正如人本主义心理学家罗洛·梅的存在主义理论所说，我们的人格反映了如何面对痛苦和死亡，如何使用我们的爱、自由与勇敢在战胜困难与挑战的过程中塑造更好的自己。

王丽：弗洛伊德强调人性中的原始动力与欲望，马斯洛和罗杰斯强调人性中的无私与爱，梅则强调我们必然会面对苦难与挫折。学习人格特质理论的意义在于，希望大家能够树立一个核心信念：即使命运终将走向苦难与灭亡，我们也有选择自己命运的顽强力量，与君共勉。

解忧心语

　　人本主义心理学强调个人成长、顺应力和实现自我的潜能。父母的教育方式会因孩子特质发生改变。爱情会因伴侣价值、互动方式而变化。唯一真正可以依靠的是向死而生、自信自强的自己。

视频 1-13
无条件的爱
难在哪里?

1-14
自我的防御机制

烦恼情境

当我们遇到挫折打击,面对迷茫与踌躇,很容易出现退缩、否认、撒谎等自我应急反应。生活中常见的自我防御机制究竟有哪些呢?

少年: 根据弗洛伊德人格理论,自我是介于本我与超我之间的调节者。当一个人的本我欲望与社会规范产生冲突,自我的平衡将会被打破。为了缓解冲突带来的焦虑和紧张,自我会无意识地启动一些回避、否认甚至是扭曲现实的应急策略,我们把它叫作防御机制。

王丽: 常见的自我防御机制主要有 5 种。第一种是压抑,是指阻止一种有害或者危险的观点、记忆或情绪进入意识之中。比如,如果童年时期有遭受虐待等可怕经历,为了避免记忆带来的痛苦，个体会无意识地将令人不安、恐怖的记忆内容从意识中驱逐出去。第二种是投射，是指把不可能接受的或具有危险性的情感压抑后转而归因于其他人。比如，如果一个人曾经被某个地区的人深深伤害过，以后就可能会把害怕和仇视投射到这个地区的人身上。跟投射比较相似的第三种防御机制是转移，是指人们将自己感到不舒服或者受到冲击的情绪发泄到非真正的当事者身上。比如，中层领导被大领导批评后，可能会把生气的怒火发泄到下属或者亲人身上。第四种是退化，是指一个人由于遭受重大打击而退回心理发展的早期阶段。我们经常可以在电视剧中看到这种情况，受到惊讶或者恐吓的少年会有吮吸拇指等孩童的行为。最后一种是否认，是指人们选择拒绝承认发生过的不愉快的事情。比如，有些女性为了维护个人和家庭的形象，会拒绝承认自己被家暴的情况。

少年：丽姐，在生活中感觉这些防御机制像我们经常吐槽的"自欺欺人"，忽视、假装、否认一些事实。这是否也是自我不成熟、内心不强大的表现呢？

王丽：在我看来可以这么说，所谓"刀在石上磨，人在事上练"，有的人从出生就相对顺利，有的人则要历经一些坎坷，绝大多数的时候我们无法选择，只能勇敢面对。如何面对这些挫折，如何在理想与现实的冲突中获得自洽，也是我们调整自我、重塑自我的过程。

解忧心语

"刀在石上磨,人在事上练"。理性认知生活中常见的自我防御机制(压抑、投射、转移、退化、否认),有利于我们在面临困难与挫折时调整自我、重塑自我。

视频1-14
自我的防御
机制

1-15
新生适应性困难

烦恼情境

金秋时节，圆梦大学，有人却迷失自己，大面积挂科、学分严重不足，面临身心困难或被强制退学的困境。对于新生群体而言，适应性困难可能是千分之一，但对于发生问题的个人和家庭而言却是百分之百、影响重大。大学新生应该如何提升适应力呢？

王丽：金秋时节，一个个青春洋溢、意气风发的新生走进大学校门，开启奋斗新征程。时间飞逝，学期末他呆呆地坐在桌前，今天因为闹钟没响，他睡过了头、错过了考试。人生中第一次考试失败带给他的打击深刻而响亮。学分绩点排名靠后，无缘奖学金，情绪持续低落，沉迷游戏，经常睡懒觉，直至被学业警告、强制退学。这一受挫案例不免令人惋惜，千军万马冲过独木桥,却迷失在多彩校园。如果那次考试没有错过就好了,如果没有沉迷游戏就好了,如果没有经常睡懒觉就好了,但正是这一个个随机的小事件聚力在一起从而导致退学的结果。这也更加验证社会学关注群体而非个人的视角,仿佛随机事件的结果毫无意义。

少年: 但仔细探究一下,个体的生活真的完全随机、没有规律吗?对新环境与新集体适应困难,学业压力大,社交无力,目标感、意义感、获得感缺失,等等,这些成长问题是所有青年都会面临的挑战,可以说这是青年成长、成才的必经模式。如何让大学生更好地实现适应性过渡是高校、家庭、社会需要共同关注、合力解决的难题。我们身边有很多在老师、家长、同学的共同帮助下走出困境、顺利毕业的案例。

王丽: 对于大学生群体而言,出现成长困难问题的几率可能是百分之一、千分之一,但具体到出现问题的个体以及他的家庭而言,那就是百分之一百。我们既要从时代发展趋势、青年群体特征出发,研究大学生适应性发展的规律,也要看到成长环境的不同、个性能力的差异等个体问题,通过谈心谈话、个案分析等方法为青少年制定个性化的育人方案,守护每一个孩子的健康成长。

解忧心语

新生的适应力关系万千家庭的幸福,关系高校的长治久安。我们需要从时代发展趋势、青年群体特性研究大学生适应性发展的规律；通过谈心谈话、个案分析等方法制定个性化的育人方案。

视频1-15
新生适应性
困难

1-16
知识即美德

烦恼情境

互联网打破了大学的知识壁垒。作为知识的殿堂,大学究竟有何魅力可以持续闪耀呢?除了对应获得学历,知识会带给人什么变化呢?

少年: 能够在美好的年纪生活在大学校园真是幸福。在这里我们学习知识、增长技能、塑造人格、追求梦想。都说大学闪耀着迷人的象牙塔的光芒,我想这源自知识的力量。伟大的哲学家苏格拉底说过,"知识即美德"。丽姐,你怎么理解知识与美德的关系?

王丽: 这里的"知识"区别于日常生活中某一领域或行业中的具体的技艺性知识。它是关乎好坏、合乎对错的理念性知识。它能够把智慧、勇敢、自律、信念等具体的德性统一起来，共同指向美和善。这种理念性知识超越了自然界的具体知识，是有关宇宙、世界和自我的知识。它不是静止的、符号化的既定事物，而是一种动态的、超越感官的生成性状态。在我的理解，可以归纳为"求真"，是人们的理智从无知的状态不断唤醒自我、不断探求事物本质的过程，我们也把它叫作"爱智慧"的过程。

这里的"美德"，不是指符合某些规范、标准、伦理、道德、习俗的正向特性，而是指朝着世界万物的本源不断探求、不断伸展的生命力。人们只有在不断求真的"爱智慧"的过程中，才能够无限接近世界的本源，才能够不断接近万物生命力所呈现出的美和善。这个过程也就体现了苏格拉底认为的"知识即美德"。

少年：知识与美德的关系很容易让我联想到一句话——"腹有诗书气自华"。一个人书读得多了，知识多了，也就会变得越来越有气质、越来越好看，这就是人们常说的"书香气"或"书卷气"。

王丽：但也有一种情况叫"书呆子"，二者之间最大的差别在于"灵性"。我们经常说，"有灵性的姑娘很漂亮"。那么，同样是读书，同样是学习知识，为什么有的人可以有灵性，有的人却没有？其中最大的差别仍然在于是否求真，而非仅仅满足于表面、缺乏深度的思考。让我们一起共享书香、共品人生。

解忧心语

　　知识即美德。知识既包括某一领域或行业中的具体的技艺性知识,更包含关乎好坏、合乎对错的理念性知识。"腹有诗书气自华"。"爱智慧"才能拥有朝着世界万物的本源不断探求、不断伸展的生命力。

视频 1-16
知识即美德

1-17
抢占宣传阵地，弘扬主流文化

烦恼情境

新时代青年是真正的互联网一代。网络改变我们学习、工作乃至生活的方式。它可以让我们的生活更加智能、更加便捷，但网络环境鱼龙混杂、信息参差不齐的现象也十分严峻。我们应该如何面对网络可能带来的不良影响？

少年：新时代青年与已步入中年的80后一代相比，最显著的特征即他们是真正的互联网一代。他们出生时就伴随着电子产品，学前教育时就开始上网课，成长环境中充分浸润着全媒体时代的信息浪潮。不容忽视的是，网络上仍然有不和谐的声音，有些不法商家为了赚流量、博眼球，制造传播媚俗、低俗、庸俗信息，用心不良分子为了拨弄是非、扰乱稳定大局，制造传播政治立场错误、价值观错乱的舆论。

王丽：青年是国家的希望、时代的未来。幸运的是，随着祖国日益强盛，"四个自信"在青年心中生根发芽、茁壮成长。这与我国高度重视思想政治教育、意识形态宣传工作密不可分，与中央、地方主流媒体与时俱进、抢占阵地、提升内容质量密切相关。

少年：一个人的自我评价标准引导着他的行为，而一个人的自我评价标准取决于他所生活的文化和环境。也就是说，青年生活的网络文化和环境对于青年的自我评价标准的建立和维持至关重要。难以想象依靠哗众取宠、炒作段子甚至卖弄色相一夜暴富，让网红、主播成为青少年最向往职业的网络文化和环境能够培养出有理想、有本领、有担当的有为青年。这值得我们深思、值得我们重视。

王丽：国际时局变革，国内改革深化，经济全球化伴随着价值观多元化，互联网青年正处在身心迅速发展的高峰期，更加容易受到网络生态的影响、多元信息的冲击。只有让以社会主义核心价值观为主体内容的主流文化成为青年积极倡导并自觉践行的理念，中华民族伟大复兴事业才能后继有人。

解忧心语

一个人的自我评价标准受到他所生活的文化和环境的影响。难以想象依靠哗众取宠、炒作段子、一夜暴富的网络环境能够培养出有为青年。只有让社会主义核心价值观为主体的主流文化为青年自觉践行,中华民族伟大复兴事业才能后继有人。

视频1-17
抢占宣传阵地,弘扬主流文化

1-18
奋斗的青春最难忘

烦恼情境

很多时候我们会有很多想法想要去实践，但是想到可能会遇到的困难就会退缩，真希望在关键时候有人推一把。如何才能改变犹豫不决的性格、锻炼敢想敢干的气魄呢？

王丽：新学期看见新同学拎着大包小包寻找宿舍的身影，我不禁会感慨，如果现在让我独自到一个陌生的地方，不管是旅行还是生活，内心多少会有些胆怯。曾几何时，我也是可以独自拎包、闯荡美国的勇敢女孩。那是 10 年前，我看到上海往返纽约的特价机票来回只要 4 600 多元，一激动就下单了。从没出过国门、准备办护照的我被提醒，白本护照、会讲英语的未婚女性是拒签率最高的人群。在抖抖霍霍中，自己制作签证资料，来到上海面签，眼看前面两个女生讨论被拒签后的惨痛损失不禁紧张加剧，不过我居然幸运地拿到了 10 年旅游签。不会开车的我在美国城市大巴、轻轨、公交、专线倒来倒去，很开心地生活了 50 多天。

少年： 丽姐的这段美国奇缘光听着就令人激动。我想这源于青春最美好的样子——敢想敢干。

敢想，认知决定出路。十七八岁到二十四五岁是青少年人生观、世界观、价值观形塑的关键期，此时经历的人和事就如同七彩的画笔在赋予一张白纸底色。我们要打开触角，主动去学习、去汲取新的信息、新的知识。对成年人来说，永远年轻的重要标志之一就是保持旺盛的好奇心和学习力。首先要拥有"世界那么大，我要去看看"的认知，才有可能去寻找、去创造新的机缘。

敢干，执行力决定成败。有些人虽有挺多好的想法，却总是停留在想法阶段，想了又想，仔细筹划琢磨，时光流逝，就是不见行动，结果在思考中碌碌无为。实践是检验真理的唯一标准，实践是落实思想的唯一途径。"刀在石上磨，人在事上练"。任何创新的想法都是在实践中摸着石头过河，都可能会磕磕绊绊、跌跌撞撞。真实地遇到问题才可能解决问题。困难远没有想象中难，办法总比困难多。

王丽： 根据生命历程理论，随着年龄增长，我们终将趋于保守，正如此刻的我早已不复当年勇。所以，希望小伙伴们珍惜敢想敢干的青春年华，用智慧与汗水书写绚丽篇章。

解忧心语

　　永远年轻的重要标志之一就是保持旺盛的好奇心和学习力。敢想敢干是青春最好的模样。勇于尝试、勇于实践。真实地遇到问题才可能解决问题。困难远没有想象中难,办法总比困难多。

视频 1-18
奋斗的青春
最难忘

1-19
建立全民终身学习型社会

烦恼情境

  3年疫情让我们习惯了线上教学。直到如今，线上会议、线上活动依然很流行。推进现代教育数字化成为教育系统面临的新机遇、新挑战。我们应该如何利用数字化技术推动建立全民终身学习型社会呢？

  王丽：建设全民终身学习型社会，推进教育强国是建设新时代中国特色社会主义现代化强国的重大任务、重要基石。创新是第一动力，人力是第一要素。今天我们来聊聊建设全民终身学习型社会的生理性、技术性和制度性的基础。

  少年：国民健康水平的提升与平均寿命的增长让大家在退休后依然可以选择继续学习成长、开启新的世界。大脑的可塑则为持续学习、终身学习提供了生理依据。脑可塑是指大脑可以在外界环境和经验的作用下不断塑造大脑结构和功能的能力。脑的结构可塑是指大脑内部的突触、神经元之间的连接可以由于学习和经验的影响建立新的连接,从而影响个体的行为。功能的可塑性可以理解为通过学习和训练,大脑某一代表区的功能可以由邻近的脑区代替,也表现为脑损伤患者在经过学习、训练脑功能后在一定程度上的恢复。因此,一方面大脑用于学习,另一方面学习可以增强大脑的生命力,双向促进是终身学习的生理基础。

王丽: 互联网深化变革、全媒体不断发展为教育形态与教育环境带来更多机遇与挑战。3年疫情进一步促进了教育形态变革,线上教育在主动与被动中获得跨越式发展。这进一步打破了知识的壁垒,不受时空限制、云端多样化交流将成为教育数字化时代的社会新常态。教育数字化为建设全民终身学习型社会提供了技术性基础。

少年: 除了基础教育和高等教育要继续做大、做强,职业教育与老年教育将是建设全民终身学习型社会的两大增长点。加快发展现代化职业教育,是培养高素质技术技能人才最高效、最基础的途径。唯有让职业教育有所可为、大有所为,才能真正满足广大人民更好、更多元、更个性化的教育需求。人口老龄化正在到来,如何实现老有所学、丰富老年人的文化与精神世界、做好老年教育意义重大。

王丽: 全民学习、终身学习,从我做起,让我们共同建设"好好学习、天天向上"的全民终身学习型社会。

解忧心语

平均寿命增长和大脑的可塑性为建设全民终身学习型社会提供生理基础。教育数字化为全民终身学习型社会提供技术支撑。现代化职业教育与老年教育的发展将进一步推动全民终身学习型社会的建立。

视频1-19
建立全民终身学习型社会

1-20
两种阅读游戏

烦恼情境

"书中自有黄金屋,书中自有颜如玉"。读书的重要性不言而喻。但也有人说,"尽信书不如无书"。在强调培养辩证思维、批判性思维、创新思维的当下,我们应该采取何种方式阅读?

少年:阅读是我们增长见闻、汲取资讯,与古代圣贤、当代能人对话的过程。在提高阅读体验感的同时,我们往往更关注如何进行有效阅读、增加阅读的收获。今天,我们来分享两种有意思的阅读游戏,它们分别代表两种不同价值观或思维方式驱动下的阅读状态。

王丽:第一种是在现代大学课堂上越来越常见的"质疑游戏"阅读法。具体而言,就是我们尝试在阅读的材料中寻找漏洞，坚持自己的独立思维，不受某些可能似是而非论点的迷惑。毫无疑问，这有利于培养批判性思维。但在对阅读材料一知半解的情况下，盲目进行"质疑游戏"，抓住可能的错误不放，则会影响我们发现并利用正确、有益的信息。

少年： 与第一种相对，人们提出另一种阅读方式"相信游戏"。它是说不以挑错为出发点，而是跟随作者的视角去发现作者的思路与文字背后的真相。当然，这并不意味着全盘接受、不加任何质疑地吸收作者的观点，而是将"相信游戏"视作一种有意识的策略，是全面了解文字内容的途径。在此基础上，我们将利用自己独立思考的能力来决定最终是否相信以及相信哪些内容。

王丽： 我觉得听课也与阅读相通。虽然互联网早已打破知识的壁垒，但课堂授课仍不可取代。因为我们需要了解的不仅仅是知识本身，而是要沿着授课者的思路去学习其对知识的挖掘与加工，甚至说是感受授课者本身的知识氛围，也就是我们通常所说的"领略大师的风采"。所以，大学之大，不在大楼在大师。在强调培养质疑权威的批判性思维的同时，仍然要尊师重教，抱有对书本、对课堂、对大师的崇敬之心。

解忧心语

"质疑游戏"是指我们在阅读中坚持自己的独立思维，尝试在阅读的材料中寻找漏洞。"相信游戏"是指我们不以挑错为出发点，而是跟随作者的视角去发现作者的思路与文字背后的真相。阅读并不仅仅在学习知识本身，更在领略大师的风采。

视频 1-20
两种阅读游戏

第 2 篇

社会生活

2-1
味觉的世界有哪些奥秘？

烦恼情境

人生一大重要乐趣就是品尝各类美食，味觉的重要性不言而喻。究竟哪些因素会影响我们的味觉？为什么说女生都是吃货？

少年：虽然我们学校的食堂已经挺高大上了，品类齐全、味道挺好，但吃了快4年时间，现在很多时候还是很犯难，不知道想吃啥、该吃啥，还有种别人餐盘里的菜看起来更好吃的错觉。丽姐，你有没有类似的感觉？

王丽：都说女生天然是吃货，每天最大的烦恼就是中午吃什么、晚上吃什么，我也不例外。根据美国心理学实验研究，大约有25%的人生活在超级敏感的"味觉世界"

中，其中女生占多数。所以,"女生是吃货"是有科学依据的。

少年: 原来是这样,吃货有理。民以食为天。吃除了可以给人们带来很多乐趣之外,酸、甜、苦、咸这4种基本的味觉还可以对我们发出良好的或者危险的提醒,有助于保障我们的生理安全。酸味可以让我们避免可能会伤害人体组织的高浓度酸,甜味会吸引我们去摄取具有生物学意义的糖,苦味可以帮助我们发现有毒物质,咸味可以帮我们识别一种对生存至关重要的矿物质——钠。

王丽: 除了人种基因、生物性安全,生病、文化、学习等因素也会对我们的味觉产生重要影响。最典型的体验是,当你感冒发烧时很容易感觉舌头发苦、食物没有味道,也没有食欲。文化环境对味觉的影响最突出的体现是在香料、辣椒等特殊食物的食用上。比如,我国四川地区喜食辣,印度人喜欢吃咖喱。而学习对味觉最生动的影响体现在小朋友会学着大人的模样,把香菜或者葱蒜从食物中挑出来,甚至连嫌弃的表情都很相似。这启示我们,如果希望小朋友不挑食,那么父母及周围亲朋要先以身作则。愿我们在味觉的世界里吃得更加绿色健康,更加新鲜美味。

解忧心语

民以食为天，味觉世界蕴含很多奥秘。人种基因、生物性安全以及生病、文化、学习等因素都会对我们的味觉产生重要影响。

视频 2-1
味觉的世界
有哪些奥秘？

2-2 视觉的世界有哪些奥秘？

烦恼情境

人靠衣装马靠鞍。良好的穿搭有利于我们更好地展现自我形象。不同的场合我们应该如何做好服饰的穿搭呢？

少年：丽姐的穿搭真好看。看你的视频号，感觉每期的服饰都不重样，有很多好看的衣服。除了吃什么，我们女生的另一大烦恼就是穿什么。很多人平时买了不少衣服，但还是总感觉没有衣服穿。

王丽：买了新裙子，就会感觉缺一双新鞋来搭配；买了新鞋，又会感觉缺少个合适的包包，"包治百病"就是这么来的。那么，不同裙子和不同包包搭配在一起带来的视觉效果为什么会不同呢？我们首先来了解两个颜色知觉的理论。

第一个，三原色理论。它是说，视觉世界由黑色、白色和灰色阴影组成。视觉系统存在 3 种机制，通过相互作用产生不同的颜色体验。第二个，对立过程理论。它是说，视觉系统会把成对的颜色看成是对立的或对抗的。

少年：所以，颜色对立的穿搭，很容易给人们带来视觉上的强烈冲击。由于很难把握，一般人都会尽量避免，对吗？比如，有句戏言，"红配绿，丑到兜"。但流行是大众的审美，时尚是个性化的展示。很多网红穿搭博主会利用对立色碰撞出令人惊艳的效果。

王丽：其实，衣服的穿搭更多是我们个性的体现，是我们角色的体现，能够在舒适的基础上让你更加自信是最重要的。为了让大家在公共场合更加得体出彩，这里给出两个小建议：第一，视觉的"连续性"原则。形似的颜色和图案往往容易引发连续的直觉，为了让我们看起来更加端庄、高挑，我们可以尽量采用图形相近的同色系穿搭。全身的主色调不要超过 3 种，把自己穿得像彩虹一样是不可取的。第二，视觉的"选择性注意"原则。我们往往容易专注于强度或大小突出的部分。所以，如果大家不想在正式场合被过度关注，那就尽量穿有领有袖的深色保守系衣服。如果不想淹没于人海，可以用丝巾、领带等个别配饰提亮。

解忧心语

　　三原色理论和对立过程理论可以给我们的穿搭带来很多灵感：同色系搭配更显高级，正式场合保守用色、配饰提亮。愿美好的穿搭让我们每天都有好心情。

视频2-2
视觉的世界
有哪些奥秘？

2-3 是什么决定了你的体重？

烦恼情境

都说减肥是女生的终身事业。但为什么有人可以怎么吃都不胖？究竟是什么决定了我们的体重？

王丽：除了吃什么、穿什么，女生还有一个烦恼，那就是减肥。而且这三者之间有着千丝万缕的联系：吃什么热量低，有利于减肥；穿什么、怎么搭配，有利于显瘦。作为曾经有过130斤体重经历、外号叫"小胖子"的我，对此深有感悟。

少年：丽姐曾经有130斤吗？一点都看不出来。我从小到大，好像一直都没有减肥的烦恼，所以小伙伴都很羡慕我，吃多吃少没有什么影响。究竟是什么决定了我们的胖瘦？

王丽：都说"有的人喝凉水都发胖"。其实，基因对于我们的体重影响巨大。根据体重生物学，生物机制会将一个人的体重保持在一个固定范围，这个范围就是"定点"。定点由调节食物摄入、脂肪储备和新陈代谢的生物机制所维持。肥胖者的脂肪细胞数量是正常体重成年人的2倍，且他们的脂肪细胞更大。最为大家熟知的、影响新陈代谢的一种基因叫"肥胖基因"（也叫"瘦素"），它能够使脂肪细胞分泌一种导致厌食的蛋白质。所以，真的有人喝凉水都胖。

少年：我应该就是那个"基因上的幸运儿"。除了基因之外，不难发现环境对体重的变化也有重大影响。随着生活节奏变快、竞争压力变大，人们缺乏时间、没有心情自己动手做饭，越来越多地选择快餐和加工食品，饮用含糖的高热量饮料。餐饮业的发展带来了丰富多样的食物，不可避免地也会带来体重的增加。电动车和汽车的普及、无线通讯的发展，导致运动的必需性下降。互联网技术的发展，体力劳动下降，脑力劳动上升，久坐不动成为肥胖的重要原因。

王丽：其实除了真实数字的体重，心理、文化等社会学因素也会影响我们对身材和减肥的认知。

解忧心语

　　根据体重生物学，真的有人喝凉水都胖。不要对体重和身材过分焦虑。除了基因之外，生活压力大、餐饮业发展、生活智能化等环境因素对体重的影响也十分巨大。

视频 2-3
是什么决定
了你的体重?

2-4 减肥焦虑症从何而来？

烦恼情境

整个高中阶段我的体重一直稳定在 130 斤，对美丑、胖瘦没有什么概念，但自从大学开始，身材焦虑就一直伴随着我。大家都在通过节食、运动等方式减肥。究竟减肥焦虑症从何而来？

少年：不知从何时起，不论男女老少都有减肥焦虑症。其实，生活中很多人的体重相对于他的身高而言并不超标，完全没有必要减肥。可是随着商场里的衣服尺码越来越小，看到周围的人都喊着减肥，于是，很多人就被卷入减肥的漩涡。

王丽：体重超标不超标、是否需要减肥，即使有一些常见的健康指标，但这是一个观念性、审美性的问题。当下盛行"以瘦为美"的审美文化，时尚杂志、影视剧、明星网红、店铺商家都在共同营销"白瘦幼"的审美经济。特别是当这一审美文化通过择业、择偶等途径影响人们的切身工作与生活利益时，很多人就会被裹挟进这一减肥漩涡中。

少年：生活中有些同学因为身材焦虑过度节食，导致情绪低落、影响学习。新闻里也时常看到有人为了减肥变得瘦骨嶙峋，有些人甚至因为采用不正规的医美手段而酿成生命安全的悲剧。

王丽：是的，人们似乎对肥胖有种非理性恐惧，每天为了所追求的身材而挣扎，容易引发两种严重的饮食失调症：一种是神经性贪食症，患者会暴饮暴食，然后通过呕吐或滥用泻药等方式排出，或者采取禁食和过度运动的补偿性行为。另一种是神经性厌食症，患者因担心自己身材变胖，大幅减少食物摄入量，甚至造成进食困难的症状。

少年：其实，健康才是最重要的，因减肥而造成健康危机实在得不偿失。我发现，不仅我们女生有身材焦虑，男生也会有。与西方男性追求肌肉发达、健美阳光不同，亚洲对男性的审美也倾向于"白瘦幼"，一度被硬汉形象的演员所抨击。

王丽：身材对个体形象的重要性不言而喻。体重和新陈代谢的遗传因素与审美文化、个体心理需求以及生活习惯交互作用，共同塑造了我们对身材的认知。

解忧心语

"白瘦幼"是社会各方共谋的一场审美经济。过度节食甚至采用非正规医美手段减肥会危害我们的身体健康。我们应当理性地看待减肥经济,悦纳自己的身材。

视频 2-4
减肥焦虑症
从何而来?

2-5
为什么我的睡眠质量不高？

烦恼情境

随着年纪增长，感觉自己的睡眠质量越来越差。年轻的时候抱着电脑、开着灯都能睡着。现在不但入睡困难，稍有响动就容易醒。究竟是什么决定了我们的睡眠质量？

少年：除了吃什么、穿什么，大学生另一个流行的烦恼就是晚上不睡、白天不起。各大高校为了让我们早起，可以说是用上了"十八般武艺"：有7点前食堂早餐打折的，有辅导员与学生相约早餐的，有校长陪着晨跑的，有晨练打卡积分的……

王丽：我深有同感。留校工作后，我还是一直保持"大学生的作息"，感觉不到12点就是还没有到晚上。我曾在医学讲座上向专家提问："如果晚睡，但睡眠时间达到7～8个小时，这样做可以吗?"专家的回答是"晚睡晚起仍然对身体不好",因为大自然和生物体有着相应的节律,晚睡会打破我们所熟知的"生物钟"、破坏节律。

少年:其实对于睡眠节律最关键的影响要素是"褪黑素",它是由脑深处的松果体分泌的一种激素,参与诱导睡眠。在黑暗的房间内睡觉时,褪黑素水平升高;当房间变得明亮时,褪黑素水平降低。所以,现在流行利用褪黑素疗法来调节保持明暗循环的生物钟。

王丽:在生理上,睡眠的重要性不言而喻,睡眠给了身体排出肌肉和大脑产生的废物、修复细胞、补充能量、增强免疫、恢复体能的休养时间。在心理上,睡眠对于记忆和解决问题的能力至关重要。因为睡眠时很少有新信息进入大脑,有利于记忆存储的巩固。这就是为什么很多时候我们会感觉睡一觉,记忆得更加清楚了,很多问题有灵感了。

少年:睡眠不足容易影响我们的认知反应和记忆能力。为了让大家更加聪明,我们提供4个提高睡眠质量的建议:①避免睡前4~6个小时食用咖啡因、尼古丁、酒精等刺激性食物;②强化床与睡眠之间的联系,避免在床上工作、使用电子产品;③避免白天长时间睡觉,保持睡眠安排的一致性;④采用睡眠限制技术,严格控制卧床时间。

> **解忧心语**
>
> 大自然和生物体有着相应的节律。晚睡会破坏我们的

生物钟。睡眠给了身体排出废物、修复细胞、补充能量、增强免疫、恢复体能的休养时间，有助于提高记忆和解决问题的能力。愿我们都能够睡得香、睡得甜，拥有婴儿般的睡眠。

视频 2-5
为什么我的睡眠质量不高？

2-6
日有所思,夜有所梦

烦恼情境

为什么有些人睡觉做梦比较多,有些人却很少做梦?各种形式的解梦有什么依据?梦的形成与内容解析有什么奥秘?

王丽: 曾几何时,我经常纳闷,自己是个不会做梦的人,或者说,我很少记得自己做过的梦。直到近两三年,我才感觉自己好像也会做梦,但仍然不是很多。

少年: 不会做梦的情况似乎还挺少见的。我感觉很多时候我还是挺爱做梦的,有搞笑的、温情的,也有惊险的。都说"日有所思,夜有所梦",那我们为什么会做梦呢?

王丽: 从社会心理学的角度,梦的解读是一种文化,几乎每种文化都有关于梦的理论。我想，最为人们熟知、最流行的就是弗洛伊德的"梦的解析"理论。弗洛伊德把解析梦作为"理解潜意识心理过程"的捷径。他认为：梦是无意识欲望和儿时欲望的伪装与满足；俄狄浦斯情结（也就是恋母情结）是人类普遍存在的心理情绪；儿童是有性爱意识和动机的。

少年：除了弗洛伊德对梦的解析，我在心理学书本上了解到有关"我们为什么会做梦"的解释：第一，梦是我们想要解决问题的努力，也就是说，梦反映了我们对清醒时生活的持续关注，是对当前情境的思考。因此，梦的内容可能包含很多与日常问题相关的情景和想法，我们可能更容易梦到家人、朋友、工作、烦恼等话题，也就是人们常说的"日有所思，夜有所梦"。第二，根据"激活-整合"理论，梦是大脑皮层整合和解释脑下部活动所触发的神经信号，是对脑活动的解读。它认为愿望和思考不会引起梦，而脑机制却会引起梦。

王丽：原来"为什么会做梦"、"梦的内容有何意义"的理论与梦本身一样充满奥秘，很有意思。我们应当以批判性思维来看待梦的功能与意义，容忍它的不确定性，避免盲目地解释自己和他人的梦。

解忧心语

梦的解读是一种文化。弗洛伊德把解析梦作为"理解潜意识心理过程"的捷径。梦有可能是我们想要解决问题的努力,所以"日有所思,夜有所梦"。梦也有可能是由脑机制引发的一种神经性反应。

视频 2-6
日有所思,
夜有所梦

2-7
催眠的世界

烦恼情境

我在影视剧里见到很多与催眠相关的桥段,被催眠者在沙发上放松,随着催眠师的"操控"进入类似做梦的状态。什么是催眠?催眠是如何实现的呢?

王丽: 从学理上说,催眠是一种过程,在这个过程中,催眠师通过暗示让参与者的感觉、思维、情绪或行为发生变化。现在催眠已经被应用于舞台表演、心理治疗、警方办案等情境中。我在"生命的奥秘"课程中也使用过相关的技巧,不过因为是非专业人士,且场地有限,学生反馈效果参差不齐。

少年: 丽姐还会催眠,真厉害呀!那么,催眠是如何产生效果的呢？这一过程是如何能够实现的呢？

王丽：据我所知，相关的理论有3种：一是分离理论。它认为催眠像清醒的梦，是一种意识的分裂。在被催眠过程中，大部分心智受制于催眠暗示，有一部分仅观察但不参与其中。二是社会认知理论。它认为催眠的效果是催眠师的社会影响力与参与者的能力、信念、期望相互作用的结果。正如在日常生活中，我们更容易服从于父母、老师、医生、治疗师的暗示。三是生物学理论。它通过各种技术来研究脑电图，从而更加详细地了解被催眠者的脑中正在发生什么。综合而言，对催眠的研究教会我们暗示性知识、想象力的作用以及我们感知现在和回忆过去的方式。

少年：在生活中，我们也会时常用到类似的知识和方法。比如，在做瑜伽时的冥想可以放松精神、改善情绪，还有助于提高注意力、有利于促进身体和心理健康。

王丽：确实如此，就像我每隔一段时间就会有意识地放空自己。挑选一个安静的空间，换上舒适的衣物，以一个舒适的姿势，放松身体的每一寸肌肤、每一个细胞，什么都不做，什么也不想，渐渐地仿佛汲取到天地的力量、滋养了内在的自我。

解忧心语

催眠是催眠师通过暗示让参与者的感觉、思维、情绪或行为发生变化的一种过程。催眠的效果与催眠师的社会影响力和参与者的能力、信念、期望有关。

视频 2-7
催眠的世界

2-8
记忆中被爱的味道

烦恼情境

有人说,喜欢一个人是喜欢她身上的味道。我们还会赋予不同香水不同的意义。我们是如何感知气味的差异呢?嗅觉的世界有什么奥秘?

王丽:当我们感知周围世界时,嗅觉可能并不会是我们首先触动的机制。与猎犬等很多动物相比,人类的嗅觉似乎并不特别灵敏。随着生活水平不断提升,在对生活品味的追求中,人们对气味的关注越来越高。香水、香氛、香料为人们的生活增添了芬芳。

少年:对的。房间里放上一束鲜花,出门前喷上清新的香水,夜晚时点上香薰蜡烛,沐浴后涂上香香的身体乳液,一整天都会是好心情。所以,我们不能低估了自己的嗅觉,因为它可以探测到复杂机器都无法捕捉到的气味。在生物学中，人体嗅觉感受器是一种特殊的神经元，嵌在鼻道上部、眼睛下方的一小块黏膜上。我们的鼻腔中有数百万个这样的感受器，会对空气中的化学分子（甚至水蒸气）做出反应。

王丽：嗅觉的神经密码使我们大概可以闻到 10 000 种气味，不同的气味可以激活独特的感受器组合，不同类型的感受器发出不同的信号在脑的神经元中结合，得出我们对气味的认知。除了可以感受到令人身心愉悦的芬芳，我们还可以通过闻到腐烂的食物味、烟味、煤气味等来感知危险。因此，嗅觉受损是挺严重的事情。医学研究发现，嗅觉受损可能是痴呆的早期标志，因为痴呆的脑病理也会影响嗅觉。

少年：另外，我们的嗅觉中心与加工记忆和情绪的脑区相关，气味可以影响我们的心理。这就是为什么香水、鲜花、香薰可以带来良好的情绪，还可以唤起生动的情感记忆。

王丽：美国曾做过一个有趣的实验，让 100 名大学生持续 24 小时穿着同样的 T 恤，之后请他们通过气味来识别哪件 T 恤是自己的，结果有四分之三的学生第一次就能猜对。妈妈也比较容易使用嗅觉区分出自己的孩子的衣物，轻松地把它们从没有亲戚关系的他人的衣物中挑选出来。《味道》的歌词中写道，"想念你的外套，想念你白色袜子和你身上的味道"。愿我们一直都能拥有记忆中被爱的味道。

解忧心语

人体嗅觉感受器是一种特殊的神经元，嵌在鼻道上部、眼睛下方的一小块黏膜上。不同的气味可以激活独特的感受器组合，不同类型的感受器可以得出我们对气味的认知。嗅觉可以感受芬芳，也可以感知危险，还与我们的记忆加工和情绪相关。

视频 2-8
记忆中被爱
的味道

2-9 听觉的奥秘

烦恼情境

为什么有的人面试表现比较好？为什么有的人似乎天生可以侃侃而谈、口若悬河？听觉的世界有什么奥秘？我们应该如何利用知觉的格式塔原则来提高声音的表现力？

少年：声音对于我们感知世界的重要性不言而喻，特别是对于像教师、歌者等从业人员而言，声音是工作最重要的载体之一。那么，声音的物理属性与听觉的体验维度之间有什么奥秘？

王丽：当物体振动时，它产生的压力波就是声音刺激，这种刺激也是声波。声波有3种物理特性，分别对应我们的3种听觉感受。一是响度，它与声波的压力强度有关，对应声波的振幅。这是日常谈话交流的基础，声音响度比较低的同学应当加强练习，朗读时提高音量，以便能够更加清晰地表达自己。二是音高，它与声波的频率有关，在一定程度上也与声波的强度有关。为了让声音更加悦耳动听，我们可以有意识地模仿、训练说话时"抑扬顿挫"的感觉。三是音色，它与声波的复杂性相关，是构成声波的频率范围的相对宽度，能够区分出声音质量。在自然状态下，音色更多是天生如此、无法强求，但我们可以根据音色的特点选取相匹配的表达风格与内容。

少年：据我了解，知觉的格式塔原则不但适用于视觉，听觉世界也遵循。比如，你坐在教室中，是把老师的声音作为重点，还是把操场上同学玩耍的声音作为重点，这取决于你的前景错觉。知觉的接近性会告诉你在一段旋律中哪些音符可以组成乐句。知觉的连续性能够让你在有两架钢琴演奏出不同旋律时，跟随其中一架钢琴的旋律。知觉的相似性可以帮助我们分辨出合唱中的男高音，并且仍然把它融入整体来欣赏。知觉的封闭性，能够让我们在通话信号不佳、断断续续的情况下，依旧可以理解对方所要表达的意思。

王丽：其实，了解声波的物理特性，了解听觉的体验维度，读懂构建听觉世界的知觉格式塔原则，将有利于我们更加生动清晰地表达自己、提高演讲技巧。大家一起练起来吧！

解忧心语

  声音的响度、音高、音色影响我们的听觉感受。了解听觉的接近性、连续性、相似性、封闭性,有利于我们更加清晰生动地表达自己。

视频 2-9
听觉的奥秘

2-10
感觉的奥秘

烦恼情境

同样是打针,为什么有人会感觉特别疼?为什么再漂亮的美人,看久了同样会审美疲劳?为什么长时间一个人待着容易感到孤独,甚至引发抑郁?感觉的世界有什么奥秘?

少年:所谓"感觉",是指我们对物理客体所发射或反射的物理能量的检测。生病了去打针,有人感觉特别疼,有人则可以忍耐;房间里亮着小夜灯,有人感觉无法入眠,有人则能安然入睡;外面的鸟叫,有人感觉心乱烦躁,有人则心静无碍。生活无时无刻不在说明我们的感觉灵敏程度大不相同。

王丽:这属于心理物理学的研究范畴,研究一个物理刺激的强度是如何影响人类的感觉强度的。研究者向人们呈现一系列强度不同的信号,让他们随时说出可以检测到的信号。刚刚能够引起感觉的最小刺激量叫作"绝对感觉阈限"。刚刚能够引起差别的两个同类型刺激之间的最小差别量，叫作"差别感觉阈限"。有点像我们经常调侃的"压死骆驼的最后一根稻草"的那根稻草。

少年：刺激带来感觉上的变化，给了人们生活的新鲜感。但再漂亮的美人，看习惯了也就不惊艳了。身在花室时间久了就很难闻出花香。也就是说，当一种刺激没有变化或者重复进行时，感觉系统就会感到"疲劳"，从而降低感觉反应能力，这被称为"感觉适应"。

王丽：与"感觉适应"相对的一个有意思的现象叫作"感觉剥夺"。它是说在实验环境下，把志愿者与所有形式的光、声音等物理刺激隔离。结果发现几个小时后，很多人感到烦躁不安，更长时间后，人会变得困惑、不开心。但感觉剥夺导致不开心的情况并不绝对，有些人会享受这种有限剥夺的时空，感觉自己的知觉和智力得到改善。当然，这种享受必然是建立在对感觉剥夺的理解与期待上。当你自愿屏蔽外界的干扰，在一个舒适的时空中放松自己，什么也不做，倾听自己内心的声音，我想这确实是件幸福而惬意的事情。愿我们都能够忙里偷得一分闲。

> **解忧心语**
>
> 刚刚能够引起感觉的最小刺激量叫作"绝对感觉阈限"。刚刚能够引起差别的两个同类型刺激之间的最小差别

量,叫作"差别感觉阈限"。每个人的绝对感觉阈限和差别感觉阈限不尽相同。在一定程度上理解与期待感觉剥夺,自愿屏蔽外界干扰,有助于我们放松自己、倾听内心的声音。

视频 2-10
感觉的奥秘

2-11
从买房的时机聊先见之明

烦恼情境

2015年我在房价上涨之前买了房,是社会学出身对买房的执念,让我拥有"先见之明"。如何才能更好地把握社会发展的趋势?

王丽:我2014年留校工作,2015年在房价上涨之前买了一个小房子。买的时候家人等身边很多人并不赞成,因为他们觉得女孩子独立买房压力太大了,没有必要,也觉得房价不一定会再上涨。于是,我在一把鼻涕一把泪中倔强地买了房。现在事实证明,我有"先见之明"。我开玩笑说:"这可能跟我是社会学院出身有关,对房地产有执念。"仔细想来,这可能确实是社会学正念教会我们要在社会现象中看到事物发展的趋势。

少年： 首先，看到趋势是为了更好地了解世界运作的方式。比如，经济基础决定上层建筑，随着国民经济的发展，国内生产总值的增长，我国必然日益在国际政治中承担更重要的角色。国际利益格局的深化变革，决定了我国必然受到更多的瞩目与挑战，各类国际冲突与摩擦就可以预见。

其次，我们要以辩证的视角、积极的心态看待趋势。"龙生龙、凤生凤、老鼠的儿子会打洞"这句老话体现了常见的社会学现象。我们是选择安慰自己接受现状，还是积极地看待个体主观能动性的作用，坚持拼搏奋斗，努力改善生活、实现自我呢？

王丽： 根据我写材料的"职业病"给大家更好地发现趋势提供一个小小的建议。那就是时常关注人民日报、新华社等主流媒体，养成日常研究中央文件和重要精神的习惯。企业要做大做强，就必须学会看《新闻联播》。我也经常调侃，科技工作者要做好科研，也要领会国家发展规划纲要。作为一名思想政治教育工作者，更应该以国家大政方针为工作之基、思想之锚。

解忧心语

看到趋势可以让我们更好地了解世界运作的方式。我们要以辩证的视角、积极的心态看待趋势。时常关注人民日报、新华社等主流媒体，养成日常研究中央文件和重要精神的习惯，能够帮助我们更好地发现趋势。

视频 2-11
从买房的时机聊先见之明

2-12
从全球变暖问题看国界与国家

烦恼情境

全球变暖是工业化时代不可避免的结构性成本。类似全球变暖之类的社会问题是如何产生的？不同社会主体又应当如何去面对社会问题呢？

少年：全球变暖已经成为国际关注的重大环境问题。实际上，直到21世纪初，全球变暖问题才逐渐引起公众的关注，我们无法强求学者的先知与资本家的自觉。全球变暖问题是工业化时代不可避免的结构性成本。要降低这一成本，改善全球变暖问题，必须尝试利用不同的发电和用电方式，改变我们的生产方式乃至生活方式。面对类似全球变暖这类涉及结构性关系的问题，我们需要从社会学视角去关注：一个社会的生产和组织方式是如何产生问题的，政府、企业、民众等不同社会主体是如何面对这些问题的。

王丽：要分析如此规模的结构性问题如何影响自然与社会的进程，我们必须了解国界和国家这两个概念。全球环境系统，乃至整个宇宙的生态系统与国界无关。人类破坏环境造成的后果不会限于国界，任何国家、任何地区发生的环境问题，特别是类似二氧化碳排放等问题都将波及全球。因此，我们必须摒弃国界区隔，放眼全球，树立正确的全球生态观。任何保护环境、治理生态问题的政策和法规最终还需要各国政府制定并执行，进而指导企业和个人行为。全球性的环境问题需要各主权国家共同商定并相互监督执行。

少年：备受人们关注的全球环境焦点问题之一包括美国环境政策的"双标"。美国是全球累计排放温室气体最多的国家，在应对气候变化方面态度消极，备受国际社会诟病。美国政府不仅对自身劣迹视而不见，反而抹黑和攻击在这一领域采取积极行动并获得国际社会好评的中国。美国虽声称中国是气候变化问题的伙伴，但实际上美国要求中国减少排放更多的是出于政治动机。与此同时，美国同意日本处理福岛核事故污染水的计划。全球环境问题很可能会引发国际关系冲突、政治局势紧张，值得各方重视。

王丽：根据党的二十大精神要求，大自然是人类赖以生存发展的基本条件。尊重自然、顺应自然、保护自然，是全面建设社会主义现代化强国的内在要求。我们应当牢固树立并践行"绿水青山就是金山银山"的理念，站在人与自然和谐共生的高度谋划发展。

解忧心语

要处理结构性的社会问题必须了解国界和国家这两个概念。根据党的二十大精神要求，处理环境问题必须放眼全球、立足本土。

视频2-12
从全球变暖
问题看国界
与国家

2-13
规矩不能坏，底线不能破

烦恼情境

　　每个人的出生无法选择，这就决定了世界上没有绝对的公平。为了构建人人平等、公平正义的中国特色社会主义现代化强国，我们应该怎么做？

　　少年：有段时间江西周某某因为炫富、炫背景引发全网哗然，导致相关纪检部门进驻调查。炫富炫官引发的网络戾气也发人深省。丽姐对此怎么看？

　　王丽：其实，我们不仇富、不仇官。有些网友表示，周某某由于炫富炫背景引发社会关注，波及家族成员、江西国控，甚至江西交通系统。每个人的出生无法选择，这就决定了世界上没有绝对的公平。在成长奋斗过程中，每一个社会人从理性上都能清晰地了解这一点。随着改革开放，人民的整体生活水平不断提高，社会已经逐步告别"不患寡而患不均"的资源匮乏时代。新时代下的我们欣赏家境好还努力、优秀且勤奋的青年。比如，牛津大学毕业、迎娶了郭晶晶、担任香港立法会议员的霍启刚，高学历家庭出生、拥有中美教育资源的奥运冠军谷爱凌，他们都是优秀的青年人。

少年：我们只是不能接受特权。法律面前人人平等，政策制度上"规矩不能坏、底线不能破"。优越的出生环境意味着可以整合更多的资源助力自我的成长，从幼儿园、小学、中学、大学到进入职场。这无可厚非，因为这是家庭劳动合法所得。但在现代平等、民主、自由的法制社会，任何人都不应该享有特权。逢进必考的单位，要光明正大地考进来。入职、竞聘既要符合回避政策，也要符合规章流程。正如江西国资的通报所言，周某某之父职级晋升符合相关规定，但明显学历不过关的周某某如何能入职，这就明显违反招聘政策和流程。

王丽：希望成功者能够更加重视子女教育和家风建设，不要染指公众权力和群众利益。营造风清气正的政治生态，让社会更加坚信奋斗的力量。

> **解忧心语**
> 　　法律面前人人平等，政策制度上"规矩不能坏、底线

不能破"。不要染指公众权力和群众利益。营造风清气正的政治生态,让社会更加坚信奋斗的力量。

视频2-13
规矩不能坏,
底线不能破

2-14
自然灾害中的不平等

烦恼情境

火山爆发、泥石流、地震，令人心碎的自然灾害是天意所为，还是另有隐情？在自然隐患面前，我们应该如何避免社会地位、财富和权力上的不平等可能造成的新伤害？

少年：火灾、洪水、火山爆发、泥石流、地震，提到这些名词，一幕幕悲痛的场景令人心碎。我们往往习惯于将自然灾害归因为天意所为。社会学的正念提醒我们，任何事件都是人类与环境互动的结果，自然灾害也是如此。让我们试着从人类社会行为的视角，去剖析自然灾害与人类互动的前因后果。

王丽：首先，很多自然灾害并非自然发生。比如，地震中人员的伤亡主要是因为建筑物倒塌造成的。建造具有抗震功能的建筑可以在很大限度减少人员伤亡,也就可以避免一定程度的次生灾害发生。同理,在洪水高发地区的建筑物则需要考虑防御洪水的设计和材质。

安全性是建筑物设计建造的首要标准,那么是由什么决定抵御自然灾害的建筑物的设计与建造呢?这就体现出不同立场、不同资源的人在社会安排权力上的不平等。比如,2011年3月日本东北部发生海啸造成1.8万人丧生,影响最深远、最恶劣的就是福岛一座核电站被毁。海啸摧毁了为保护核电站而修建的海堤,近16万人被迫从放射性禁区撤离。被迫撤离的民众是否能够获得赔偿以及能够获得多少赔偿,至今未知。

少年:安全隐患如此巨大的核电站为什么能够被建在那里?具有决策权的官员、企业高管、工程师是低估了自然的威力,还是高估了自己的能量?是相关知识的欠缺,还是对处于生命危险中的人关心太少?海啸中福岛核辐射泄漏是自然灾害与社会安排相结合造成新的伤害的典型案例,也是面对伤害、面对伤害隐患,社会财富、地位与权力不平等相关的具体案例。

王丽:从社会学视角关注"自然"灾害,我们会发现灾害的可能性与后果的严重性往往是由社会决定的,是与人类的社会行为紧密联系在一起的。

解忧心语

  任何事件都是人类与环境互动的结果,自然灾害也是如此。自然灾害与社会安排相结合,社会财富、地位与权力的不平等将可能造成新的伤害。

视频 2-14
自然灾害中
的不平等

2-15
女为悦己者容？

烦恼情境

誓死不刮腿毛的英国歌手阿黛尔为何妥协？"女为悦己者容"，还是女权主义倡导的"女为自己容"？

少年：炎热的夏天终会过去，对于爱穿漂亮裙子的女生来说，是否要刮腿毛的爱美小烦恼也将会过去。法律没有规定女生要这样做。我记得英国著名歌手阿黛尔曾在节目中表示，"誓死不刮腿毛"，但她为了给歌迷呈现更好的状态，她最终妥协了。如果你问女生为什么要这样做，她可能会回答，"因为我觉得刮了腿毛之后，看起来更光洁、更好看"。如果我们再仔细追问，为什么越来越多的女生做出同样的选择，她们可能会说，"因为我男朋友不喜欢它"，还有"因为别人看了会感到尴尬"等。所以，我们刮腿毛到底是因为自己觉得更好看，还是因为在意他人对我们的反应和评价呢？

王丽：是"女为悦己者容"，还是女权主义倡导的"女为自己容"？从社会学视角来看，人们对自身的感受在很大程度上取决于他人对我们的反应，也就是说，我们会想象他人会如何评价我们，并据此做出是否顺从的行为。我认为，如果有人能让你开心，那为他打扮就很开心；如果是自己让自己高兴，那为自己打扮就很高兴。

少年：流行趋势或者社会文化的力量在很大程度上都源于我们对他人的情感反应，源于通过对他人评价的想象，从而产生良好的自我感觉。流行和审美是周期性的，一阵一阵的。如果某一天女生有腿毛是一种健康、一种时尚，那么女生估计就将没有这个烦恼了。

王丽：生产力决定生产关系。任何流行文化都是当下社会的产物，是经济社会发展趋势的反映。要了解某些现象、某种文化的产生机制和内涵意蕴，就必须把它们放回它所在的那个时代，切不可刻舟求剑。

解忧心语

　　人们对自身的感受，在很大程度上取决于他人对我们的反应。流行趋势在很大程度上也源于我们对他人的情感反应。流行文化根植于当时所在的社会经济环境。

视频 2-15
女为悦己者容?

2-16
如何看待我们的身体这一无形资源？

烦恼情境

留得青山在，不愁没柴烧。身体是我们最容易被忽视的资源。身体先天性条件的差异无法选择，但我们应该如何面对这种天然的身体不平等呢？

少年：有句老话叫"留得青山在，不愁没柴烧"。面对再大的困难、再大的挫折，只要人还在，一切就都有希望。也就是说，身体是我们最根本但最容易被忽视的人生资源。

王丽：身体作为一种资源，在特定条件下是显性的，更多时候则是无形的。作为一个模特、演员，你的身体条件是非常重要的显性资源，它可能会直接影响你的工作机会和报酬。爱美之心人皆有之，无论男女，长得好看似乎总是更容易获得别人的好感，有利于机会的获得与人生的发展。当然，我们也应当清晰地意识到，这是身体外在条件造成的不平等现象，容易引发青少年过分注重外在形象而忽视能力提升的不良影响。

少年：对普通人而言，我们往往会忽视个体在体力和智力方面的差异。比如，有些人身体素质比较好，精力比较旺盛，睡眠质量比较高，所以他可以比别人工作更长时间、效率也更高。再如，有些人的听觉、视觉、嗅觉、触觉等感官比较敏感，有利于他能够更敏锐地发现问题、解决问题。因此有人说，人生最大的不公平是智力的不公平。虽然我们不太愿意承认，但实际上有些人就是天生智商比较高，有些人则智力相对低下。

王丽：这些身体条件的差异仅仅是一种差异，还是一种身体资源不平等？重要的是看身体条件被具体使用的情境。比如，有人力气比较大，如果他用武力殴打他人，那不仅是违法行为，还是身体资源带来的力量的不平等；如果他用力气去搬运货物获取报酬，力气大的人获取的报酬会更多，就会出现身体资源带来的财富的不平等。因此我们必须留意，究竟是身体条件差异，还是身体资源不平等，要取决于具体使用的情境。

解忧心语

作为无形资源，身体在体力和智力方面具有天然的差异。究竟是身体差异还是身体资源不平等，则要取决于其被使用的情境。

视频 2-16
如何看待我们的身体这一无形资源？

2-17
从消费主义看 79 元的眉笔贵不贵

烦恼情境

李佳琦因带货 79 元的眉笔反问网友"工资涨没涨,生活努力了没",一时间引发网友热议。到底是 79 元的眉笔贵,还是其他情绪刺痛了网友的心?

少年: 头部带货主播李佳琦因"79 元眉笔贵不贵"而让消费者反思工资涨没涨、生活有没有努力,一石激起千层浪,网络泛起各种声音。丽姐,你关注到这个新闻吗?

王丽: 总体而言,我觉得网上的相关讨论主要围绕两个方面:一是消费与消费主义,也就是不同人不同立场对于消费观的探讨;二是当今社会努力是否与涨薪、晋升等发展机会绝对挂钩。

我看着周末收拾出的一堆闲置衣物,有的甚至连吊牌都没有拆，回想起已经倒了无数次"再买衣服我就是小狗"的旗帜，感慨万千。所以，我想聊聊"消费与消费主义"。

在传统政治经济学范畴里，消费指的是我们对物品的需求与满足，也就是聚焦物品的实用价值。就眉笔的实用价值而言，网友举例说，著名影视明星宁静长年使用的是5~10元钱一根的眉笔，她还表示整个化妆组都在用，也非常好用。对比之下，很显然"79元的眉笔贵不贵"讨论的不是眉笔的实用价值，而是它的交换价值，是一种人为估量的价值。

少年：从社会学视角来看，在物质极大丰富的前提下，消费变成人们处理物与人、人与人之间关系的一种方案，形成市场经济下的消费主义。消费主义的逻辑是消费不仅仅体现在物质上，更体现在文化意义上，是具有个人身份和生活方式的符号象征。选择的商品显示着消费者对应的等级。于是，嫌79元的眉笔贵的消费者被李佳琦追问"工资涨没涨"。也有被赞"豪门清流"的郭晶晶不解地笑问："人家就卖3块钱的发圈，不能强迫人家卖300块吧？"因为在消费主义的世界里，作为"豪门阔太"的郭晶晶与3元钱的发圈在消费等级上是严重不对等的。

王丽：消费主义盛行容易滋生享乐主义、奢靡主义，超前消费、"精致穷"等话题引发社会关注。我个人很喜欢董宇辉那句"丰俭由人"。眉笔贵不贵、发圈该谁戴，取决于人们的消费观。不过我还是要经常对自己默念"剁手只能一时爽"、"冲动是魔鬼"，愿我们都能买得心甘情愿，买得心安理得。

解忧心语

消费不仅仅体现在物质上,更体现在文化意义上,是具有个人身份和生活方式的符号象征。消费主义盛行容易滋生享乐主义、奢靡主义、超前消费等社会问题。消费没有高低贵贱,丰俭由人。

视频2-17
从消费主义看79元的眉笔贵不贵

2-18
努力是一种生活方式

烦恼情境

李佳琦79元眉笔事件除了折射出消费观的不同,更多的还是社会快速发展带来的心态失衡与委屈。那么,我们应该如何面对努力不一定就会有回报的现实呢?

少年: 李佳琦因带货79元的眉笔反问网友"工资涨没涨,生活努力了没",刺痛网友的除了李佳琦傲慢的态度,更深层次的可能是大家自认挺努力,可是工资却不见涨,甚至有时生活更难了的这份委屈。随着改革开放进入深水区,经济迅速腾飞的时代红利正在吃紧,社会竞争压力不断加剧,再加上3年疫情的冲击,大家纷纷感慨"钱难挣了,要过紧日子了"。

王丽：这种感觉的背后其实是社会学十分重要且备受社会关注的课题——社会流动。就连我们都很喜欢的莫言老师也曾表示，"时代不一样了，如果现在还告诉青年你只要努力就能怎样，那是不负责任"。于是，无所谓、安于现状成为当代青年的重要社交形态。这些作为社会经济发展的规律与趋势无法避免，也无需否认。

少年：但我想说，努力的意义不仅仅在于实现社会流动，还是感知自我、实现自我的一种生活方式。人最幸福的状态是感觉自己可以获得时那种充满希望与期待的状态，真正满足后的快乐其实持续不了很久。比如，放在商店展示柜里的首饰是那么好看、那么夺目，令你心心念念，但真的买回家，喜欢两天、两周后也就觉得不过如此。日子久了，你会发现真正让我们持久幸福的是心怀希望、努力生活，不断追求自我的独立和充盈。

王丽：在竞争压力不断加剧的今天，努力的道路上必然会有很多困难与挫折，会有许多求而不得。即使翻越重山、越过人海，收获点滴成果，也可能会被冷对、被埋没、被辜负。学习理论、了解世界、分析社会，能够让我们更加清醒地面对生活的困难，更加理性地接受无法改变的世界和他人。生活是每个人自己的，生活可以辜负我们，但我们不能辜负自己。可以跌倒，可以哭泣，但要擦干眼泪，向阳而行。

> **解忧心语**
>
> 随着改革开放的不断深化,社会经济的持续发展,社会竞争压力不断加剧不可否认。但努力是感知自我、实现自我的一种生活方式。我们可以跌倒,可以哭泣,但要擦干眼泪,向阳而行。

视频 2-18
努力是一种
生活方式

2-19
高校扩招与就业压力

烦恼情境

每年的招聘季都会说是"史上最难就业季，没有最难，只有更难"。经济发展速度放缓，3年疫情打击，让大家纷纷追求体制内工作，追求考研、考公成功。当代青年应当如何面对高校扩招、就业压力加剧的现象呢？

少年： 最近看到有些著名高中招收的新老师拥有北大、清华本硕博的耀眼学历，有些著名高校招聘事业编制的辅导员要求有博士学历，网络上硕士毕业生应聘高校食堂打菜员、宿舍管理员等职业，"海归"变"海待"等新闻时常上热搜。一时间，高校扩招、就业压力加剧等话题被推上风口浪尖。

王丽： 由中国社会科学院组织、覆盖全国各地25所高校的"中国大学生追踪调查"数据显示,大学就业有两大同一性的趋势:一是推迟就业,追求更高学历;二是体制内就业意愿高涨。从社会学视角来看,根据优绩主义原则,社会与经济的奖赏应当依据才能、努力和成就这些"优绩"来决定。人们在机会平等的条件下公平竞争,成绩优异者获胜。因此,最好的大学应当录取成绩最出色的学生,收入最高的职位应当留给最有能力的人才。努力争取更高的学历成为大学生增加人力资源投资最重要的方式。

少年:"宇宙的尽头是编制",一方面是因为几千年来"学而优则仕"的官本位思想影响根深蒂固;另一方面由于时代改革红利吃紧,3年疫情对经济形势打击严重,大学生纷纷期待利用学历优势进入体制内,获得安全感。这种个体理性化的选择导致群体性竞争加剧,引发文凭贬值的热议。

王丽:但从生涯规划的角度来说,我觉得念硕士、念博士或者出国留学除了增强人力资源投资因素之外,更重要的是个人学识素养的提升、人生阅历的丰富,不能单纯地以获得岗位的优劣、薪酬的高低来计算投资回报率。毕竟攻读博士研究生虽然"会掉很多头发",但依旧是多少人梦寐以求的难忘经历。在世界观、人生观、价值观形塑的青少年成长关键期,能够走出国门,体验多元文化风情,有助于拓宽国际化视野,提升科学辩证的思维素养。

解忧心语

努力争取更高的学历是大学生增加人力资源投资最重要的方式。进一步深造,包括出国留学,除了增强人力资本的就业导向之外,更多的是个人学识素养的提升、人生阅历的丰富。

视频 2-19
高校扩招与
就业压力

2-20
年代的青春

烦恼情境

一代人有一代人的青春。青春一去不复返,但追忆青春是永不褪色的话题。对于个人与时代而言,青春意味着什么?

少年: 古希腊哲学家有句话:"一个人无法两次踏入同一条河流。"这意味着生活总是在不断变化,事物也总是在变化。青春一去不复返。时光匆匆、追忆青春是永不褪色的话题。今天我们就从个体和宏观的层面分别来聊聊变化的青春。

王丽: 从个体层面而言,我们的一生会经历许多不同的阶段。不同的人生阶段,在政治、经济、社会、文化等生存基础的差异上,人们关注的事物也不同。童年,我们忙着学习成长；青年，我们努力独立成人；中年，我们追求事业家庭；老年，我们面对衰老死亡。作为一名所谓的"大龄剩女"，我时常听到催婚名言，"要在该干什么的年纪干什么样的事"。作为一名拥有坚定少女心的中年人，我坚定地认为，青春不应该被年龄定义。在遵循法律和道德的基础上，没有什么应该与不应该做的事情。生活没有框框，唯有真正经历过的才属于自己。

少年：从宏观层面而言，一代人有一代人的烙印，一个时代有一个时代的记忆。生产力决定生产关系，也包括社会关系。同一代人由于有着共同的政治、经济、社会、文化、生态环境，共同经历科技、经济、文化、社会变革的历程，就容易形成共同的价值判断、情感认同、社会心态。于是，每个时代都有属于自己的符号标记。比如，有没有使用过寻呼机、大哥大、小灵通、手机、iPad等，就直接反映出你的年龄；李小龙、周润发、"四大天王"、周杰伦、"四小花旦"等大众偶像的变化，也直观地体现着每个时代的青春记忆。

王丽：从代际传承来看，青年人与老年人之间很容易形成所谓的"代沟"，老一辈容易产生"现在的小年轻没有我们当年艰苦奋斗"的评价。其实，在改革开放带来翻天覆地的变化中成长起来的当代青年自然富有新时代的新特性，迷茫但不影响上进、活泼且正义感满满的新时代青年加油！

解忧心语

　　我们的一生会经历许多不同的阶段。青春不应该被年龄定义。一代人有一代人的烙印,一代人有一代人的青春记忆。当代青年自然富有新时代的新特性,没必要恐慌打压,而应让其自由挥洒青春。

视频 2-20
年代的青春

第 3 篇

生涯规划

3-1
生涯规划的重要性

烦恼情境

　　就业是民生之计。大学生就业关系到万千家庭的幸福，关系到青少年的健康成长。什么是好工作？如何才能做好职业生涯规划，帮助大学生找到好工作？

　　王丽：说到生涯规划、职业规划，想到"每年都是史上最难就业季"的报道，大家是不是感到竞争的压力扑面而来？不过，没有最难，只有更难，而我们要做的就是迎难而上。如何才能攻坚克难，实现自我，成就大我，是本篇我们共同探讨的课题。计算机作为就业王牌专业，说到职业规划，是不是会感到轻松一点呢？

　　少年：虽然计算机专业很热，南京大学的计算机专业更是不愁工作。但是为了让自己更好地成长，获得更好的发展，我觉得生涯规划仍然十分重要。因为青春的迷茫不可避免，职业的挫折必然遇见。就比如，同样是计算机专业背景，大家在大学阶段的积累、未来就业的专业领域、入职后的发展潜力还是有很大差别。丽姐，你觉得什么是好的工作，如何做好生涯规划？

王丽：所谓"生涯规划"，很多时候指的就是职业生涯规划，是对职业生涯乃至整个人生发展进行持续的、系统的、计划的过程，它包括职业定位、目标设定和通道设计3个要素。

其中最核心、最基础的是职业定位，什么是好工作？很多人的理想型是"事少钱多离家近"。现实告诉你"不存在"，理论告诉你"我不配"。也有人说"宇宙的尽头是编制"，名牌高校研究生疯狂"考编"意味着什么？也有人放弃编制，扎根山区基础教育十年如一日。对自己的职业定位不同，设定的目标和实现的通道自然也不同。

少年：我在丽姐之前的视频中曾看到如何做到"人职匹配"，最关键的有两点，一是认识自己，二是认识世界。我顿时感觉生涯规划有了哲学的高度，也多了社会学、心理学、经济学的味道。

王丽：确实，这或许也是生涯规划为何越来越热、越来越受重视的原因。

解忧心语

职业生涯规划是对职业生涯乃至整个人生发展进行持续的、系统的、计划的过程，包括职业定位、目标设定和通道设计3个要素。"人职匹配"最关键的有两点，一是认识自己，二是认识世界。

视频 3-1
生涯规划的
重要性

3-2
青年在选择职业时的思考

烦恼情境

我们绝大部分精力都在工作上，工作的重要性不言而喻。选择职业无疑是人生最重要的一道选择题。那么我们究竟应该如何选择自己的职业呢？

王丽：做好生涯规划、做好职业选择是一道哲学命题。伟大的哲学家、政治家、经济学家卡尔·马克思在其中学毕业论文中聚焦青年在选择职业时的考虑。马克思没有论述怎么选择哪种具体职业，而是把这个问题提高到对社会的认识和对生活的态度上加以考虑和回答。他认为人与动物很大的不同就体现在人能够在现实生活的基础上选择自己谋生的方式。

少年：由于我们绝大部分精力都在工作上，因此，选择一份职业就意味着选择一种生活方式，更确切的是在某个特定时代选择某种生活方式。社会的变迁，特别是就业制度的变迁对人们职业的选择至关重要。在统分统配的就业制度时代，家庭成分、毕业院校在很大程度上决定了人们的就业单位。单位又在很大程度上决定了人们一生的生活方式。进入双向选择的就业新时代，职业选择则更能反映人们对社会、对生活的态度，择业观是我们世界观、人生观、价值观的重要体现。

王丽：马克思认为青年在选择职业时不应该为一时的兴趣、渺小的激情、个人的虚荣心所左右，必须采取严肃的态度，要选择一种使我们最有尊严的职业，要选择建立在正确信仰上的职业，要选择一种为人类服务、为人类最大多数人幸福而工作的职业。而这也体现了少年马克思的崇高理想。

少年：在这个迷茫、多变、竞争、挑战形态并存的社会，马克思的《青年在选择职业时的思考》这篇论文为我们如何选择职业指明了方向、确立了框架。我感触最深的就是作为南大学子肩上承载着复兴中华的社会责任。作为计算机人，心头承载着推动互联网科技革命的时代使命。

王丽：很高兴看到南大青年融自我实现于时代大我的职业选择，愿我们能够更好地陪伴有理想、有信仰的中华少年成长。

> **解忧心语**
>
> 　　选择一份职业就意味着选择一种生活方式,更确切的是在某个特定时代选择某种生活方式。我们要选择一种使我们最有尊严的职业,要选择建立在正确信仰上的职业,要选择一种为人类服务、为人类最大多数人幸福而工作的职业。

视频 3-2
青年在选择职业时的思考

3-3
迷茫青年与奋发青年

烦恼情境

一时间,无所谓、迷茫成为当代青年的流行语。当代青年是否真如网络形容得或社会批判得如此不思进取、不能吃苦吗?如何才能培育更加积极向上、健康乐观的青年心态呢?

王丽:在探讨大学生生涯规划时,有几个我们必须面对的流行词"葛优躺、废柴、迷茫、无所谓",正所谓"不破不立",如何面对这些网络名词所描述的青年亚文化,培育更加踔厉奋发、积极向上的青年社会心态,是我们生涯规划教育最重要、最基础的着力点。对于迷茫青年,你怎么看?

少年:我感觉,可能由于生活的整体物质水平提高,与父母一辈相比,我们90后、00后身上好像少了一点传统意义的

"艰苦奋斗"。但绝大部分同学在绝大部分时候还是很努力的，竞争压力还是很大。"无所谓"在更多时候是我们对快节奏、高强度竞争压力带来的无奈与苦闷的一种情感回避，是我们的一种"保护色"。因为努力过或者感觉努力过也无力改变，为了回避竞争失败带来的焦虑感和挫折感，假装自己不在乎、无所谓，久而久之就容易形成自我意义的缺失，进入无欲无求的迷茫世界。

王丽：我觉得你指出了迷茫青年形成的一个现实因素，社会心态是社会现实的反映，迷茫心态折射出发展机会受限等转型期的社会现实问题。要改变迷茫心态，做好生涯规划教育，首先要从解决青年实际问题入手，关注不同青年的不同成长环境、不同成长需求、不同发展目标，打造"家、校、社"全方位的帮扶机制。

少年：我觉得除了现实帮扶之外，想要从迷茫青年变成奋发青年，最关键的还是内因，在于自己能否树立起正确且强大的理想信念，正所谓"人无精神则不立"，有理想、有信仰才能有作为。

王丽：这也启示我们，要加强青年社会主义核心价值观教育，加强高校思想政治教育，将思想政治教育与青年时代特征相融合，把握意识形态网络阵地，营造积极、健康、向上的社会主义网络文化，弘扬主流价值观念，引领青年心系"国家事"、肩扛"国家责"。

解忧心语

　　社会心态是社会现实的反映。"无所谓"在更多时候是青年对快节奏、高强度竞争压力带来的无奈与苦闷的一种情感回避。我们要从解决青年实际问题入手,打造"家、校、社"全方位的帮扶机制。

视频 3-3
迷茫青年与
奋发青年

3-4 人生设计理论

烦恼情境

都说"三思而后行",很多时候我们往往想得太多,做得太迟或太少,很容易在犹豫踌躇中蹉跎岁月。那么,我们应该如何提高自己的行动力和执行力呢?

王丽:今天我要为大家分享一个相对"另类"但十分硬核的生涯规划理论,叫作"人生设计理论"。为什么说它另类,因为与绝大部分用各类模型、量表来做分析规划,强调"谋定而后动"的理论相比,人生设计理论的要义在于"边走边看,低成本试错"。具体而言,它指的是重新定义问题,找到尽可能多的选择,选择一个进行快速尝试直到成功。

少年:丽姐,简单来说,是不是与其犹豫不决、权衡踌踏，不如想到就干、边干边想？确实如此，我自己也能明显感觉到，很多时候我们确实想得太多了，思考了各种可能会发生的情况、遇到的困难，还没有开始就想累了、想怕了。

王丽：对，人生设计理论的思路前提是每个人的人生都有许许多多的可能。在面对选择时，只有当我们真正开始推进其中一个选择，才会遇到真正的问题，在真正解决问题的过程中才能收获人生的经历与意义。人生设计理论的内核就是把人生设计为一个持续观察和体验的过程。

少年：那么，如何才能拥有这份执着的洒脱呢？如何才能在设计人生中体验人生呢？

王丽：要把握好人生设计理论离不开这5种基本心态：一是保持好奇。保持对生活、对社会的探索欲，要相信世界有无限可能。二是不断尝试。既然人生的意义在于体验，那么就要行动起来，拒绝空想、珍惜时光。三是重新定义。解决问题的关键前提是我们如何看待问题、如何定义问题。在不断的探索中最难的是不忘初心，拥有重新审视自己内心的勇气和定力。四是专注过程。生活总有很多不期而遇，也总有错过，要学会放手，学会接受爱而不得、退而求其次。因为重要的不是选择、不是结果，而是过程。五是深度合作。我们都是社会中的人，人生设计需要与他人合作，需要团队合作。让我们在人生设计的道路上共同体验精彩世界。

解忧心语

人生设计理论的要义在于"边走边看,低成本试错"。要拥有充实多彩的人生,应该培养 5 种基本心态:一是保持好奇,二是不断尝试,三是重新定义,四是专注过程,五是深度合作。

视频 3-4
人生设计理论

3-5
大学竞争在前3年

烦恼情境

听说著名高校还有被强制退学的学生,这太恐怖了!好不容易考上,怎么会被退学呢?难怪网上说北大、清华从早到晚全是自习的学生。我们应该如何面对大学的竞争?

少年:众所周知,也是我的切身感受,大学的竞争压力真的挺大。有些同学10项全能,学习好、科研好、体育好;有些同学墙外开花,社会实践、国际交流样样出彩;也有些同学逃学挂科,睡觉打游戏,甚至被迫退学。当然,更多的是在迷茫与焦虑中中不溜秋地毕业了。在本科阶段,我自己也有过迷茫和低谷期。丽姐,可否从生涯规划的角度给大家指点迷津呢?

王丽:无青春不迷茫,迷茫说明有思考,是青年成长的必经之路。我担任辅导员 6 年，陪伴与引导青年成长是主职，到了本科招生办公室后，看到越来越多的家长刚刚"告别基础教育战线"，又立马"投入大学教育战线"，始终贯彻不能让孩子输在起跑线上的教育理念。对此，被戏称为"竞争之王"的我，始终坚信努力总没有错，规划总不嫌早。但目标设定要科学合理，每个人的职业定位、人生态度不同，我们要根据青年成长、大学教育的发展规律，制定阶段性发展目标。

少年：这就是说，每个阶段对于自己可以干什么事、应该干什么事要有个清晰的规划，对吗？比如，大一要尽快适应校园生活，要把握好学习的主责，在通识教育中明晰自己的专业方向；大二的专业课更重了，要把握好学分绩点，为争取保送研究生资格奠定基础，还要平衡学生工作与出国交流交换的关系；大三要考虑保研保送哪里？考研还是就业？要不要出国？为了下阶段的发展出路必须冲刺、拼搏。

王丽："大学其实竞争在前 3 年"，所有家长、即将迈入大学的小伙伴都应当重视。有谋划的危机感是正确的，因为大学的前 3 年就决定是否能够被保研，是否储备了求职工作、出国留学的实力。无青春不奋斗，提前谋划，勤奋拼搏，确保拥有"保研狗"的资格，能够比较早地获得职位或者境外大学研究生的许可，是为了让我们可以更从容地利用大四的时光，收获更精彩的青春篇章。

解忧心语

迷茫是青年成长的必经之路。大学其实竞争在前3年。我们要根据青年成长、大学教育的发展规律，制定科学合理的阶段性发展目标。

视频3-5
大学竞争在
前3年

3-6
竞争中的取舍与坚守

烦恼情境

高等学府各类教学、科研、交流、实践的机会与资源都很丰富,但高强度的竞争不可避免。大学生应当如何在良性竞争中让自己有不一样的优秀?

少年:确立了职业定位,设立了阶段性目标,我们就来到设计通往目标道路的环节。现代大学教学、科研、交流、实践等资源非常充足,基本可以满足我们的发展需求,但是在真正实践的时候,还是竞争得特别厉害,这是为什么呢?

王丽:我觉得造成资源和竞争都相对过剩的原因存在两种情况:一是由于信息差,有些同学无法在有效的时间内了解到有效信息,错过了一些可以争取的资源。对此,大家可以多与同学、学长学姐沟通,要特别关注网络资源,早日弄清楚所在学校与自己相关的资源所在。比如，教务处、学工处、就业指导中心、国际交流处等。另一种情况是，有些同学了解的信息和掌握的资源过剩，由于可选项太多，自己无法做好取舍，什么都想要，什么都努力参与，但是最终发展不如人意。

少年：我们基本都经历过从"信息小白"到"拼命小白"的过程，从刚入学是否参加二次选拔、是否转专业、是否辅修第二学位、是否参加学生活动、是否参加比赛实践等，一路迷茫、一直拼命，就连最常见的五彩缤纷的学生活动也难以取舍。

王丽：在奋斗的路上，聪明易得，专注难得。人的精力是有限的。在确定目标后，找准最科学的道路需要明智，要懂得辨别、懂得取舍。更难能可贵的是，要坚守自己选择好的道路。比如，选择了国内保研这条路，在努力学习的同时，身边有同学在考托福、考 GRE、在境外交流交换，是否会不淡定，是否也要去试试？再如，开学迎新时，学生会看起来挺好，团委看着也不错，那个社团听起来也蛮厉害的，要不要都去试试看？或者之前一直在团委发展，某天看到学生会热火朝天，要不要过去试试？"两点之间直线最短"，物理学知识说明要达到既定的目标，在设计通道时应当遵守统一性原则，以便形成发展合力。贪多贪全不可取。

解忧心语

　　造成资源和竞争都相对过剩的原因存在两种情况：一是由于信息差；二是了解信息与掌握资源过剩的同学无法做好取舍。在奋斗的路上，聪明易得，专注难得。让我们坚守初心，坚持道路的统一性，形成发展合力。

视频 3-6
竞争中的取舍与坚守

3-7
简历制作的格式要点

烦恼情境

找工作的时候简历是敲门砖,简历的重要性不言而喻。如何才能制作出一份简洁大气、风格明晰的简历?

王丽:如何制作简历是生涯规划课程的"硬货"。虽然很多企业招聘已经采用"网申"的方式,但很多社会招聘,特别是事业单位,或者在我们求学过程中,传统简历还是十分重要的敲门砖,其重要性不言而喻。

少年:对的,我研究生找导师的时候,也需要给导师投简历。对于我这种理工科"直男",会比较羡慕有些同学,他们的简历看着很美观、很舒服。所以,我觉得简历的格式挺重要。丽姐,你认为简历在格式上有什么需要注意的点?

王丽:我觉得至少要做到两点。一是简洁。面对海量的简历，招聘人员的时间是有限的。因此，简洁能够最大限度地节约招聘人员查看你简历的精力。能够一页纸展示清楚的，坚决不要用两页。如果应聘的岗位需要体现应聘者的一些审美，简历模板的选择也要尽可能选择简洁大方的风格。二是条理化。简历条理化是应聘者逻辑思维的体现。天然可以展现条理化的维度就是时间，所以一般我们都会采用时间作为简历撰写的维度。履历出现时间空白容易引发招聘人员的质疑，因此，我们要尽量避免在履历上出现时间的空白。

少年：那如果确实出现大学延期、考研二战、待业在家这类短期内无法改变的非典型的履历空白呢？

王丽：那我建议大家可以自己寻找一些短期的实习或者兼职的经历填充进去，学生阶段比较常见的有担任助教、研究助理等角色。

时间上的条理化还会存在一个是顺序还是倒序的纠结。如果是岗位应聘，我个人推荐倒叙，也就是把你至今担任过最重要的岗位首先展示给招聘人员，有助于抓住他的注意力。如果是求学的简历，那我建议采用顺叙，因为求学比较看重学习的渊源、学术的传承，所以，学术简历需要从最初的学校开始写起。当然，标题、字号、行间距、空白等具体设置，大家如果对自己的审美不自信，可以找同学与老师帮忙查看、点评。

解忧心语

简历的格式至少要做到两点，一是简洁，二是条理化。简历在时间上应当尽力避免出现空白。应聘简历，推荐倒叙；求学简历，推荐顺叙。

视频 3-7
简历制作的
格式要点

3-8
简历制作的内容要点

烦恼情境

简历制作除了要注意格式之外,内容上有哪些注意点?如何才能避免制作精良的简历石沉大海?

王丽:格式与内容相辅相成,格式对内容有着承载的体现和限制。简洁的格式就相应地要求简历的内容也要凝练。因此,我们在总结自己求学、工作历程时应该做到"就高不就低",也就是对于自己在某一方面、某一领域的经历和成果只列举出等级最高、影响力最大的那项。

少年:比如,如果我做过学生会主席,那么在学生会工作方面只要注明担任过主席,列举担任主席期间完成的重大事项即可,不必从部员、部长、副主席一直写到主席。因为能就任主席,就说明在该组织得到过相应的锻炼。这就是"就高不就低"原则。

王丽：是的，为了凸显简历的条理性，对于简历呈现的自我内容要尽可能做到"互斥又互补"。所谓"互斥"，就是在给简历内容分类时，学术科创、学生工作、实习就业，板块要清晰，不要相互交杂。比如，社团活动应该包含在学生工作里。另一方面也要"互补"，就是说罗列的分类要能够相对全面地呈现自己。因为一般默认没有被提及的方面往往表现不佳，所以，在分类时要尽量避免错漏。

少年：丽姐，精心制作的简历很多时候还是会石沉大海、杳无音信。我都怀疑招聘人员有没有看到我的简历，太难了。

王丽：在劳动力市场求职者远远供大于岗位需求的时候，有意识地增加自己简历的曝光度也很重要。我觉得要注意两点：一是要有超前的简历意识。简历不在于总结，在于规划。你需要在大学毕业或者研究生毕业时能够拥有一份怎样的简历，那么，从此刻开始你就要有意识地去规划相应的经历。二是要站在招聘人员的角度呈现你的简历。比如，你给招聘人员发邮件推荐自己，邮件中注明"我的简历在附件中，敬请查阅"。招聘人员就得先下载、再打开才能看到你的简历，这就意味着招聘人员发现你的精力成本增加了，自然就容易因为种种原因放弃"挖掘"你。所以，你应该在邮件正文部分就直接粘贴你的简历，确保招聘人员一打开邮件就可以看到闪亮的你。

解忧心语

　　简历的格式简洁就要求简历的内容也要凝练。在总结自己求学、工作历程时应该做到"就高不就低"和"互斥又互补"两个原则。为了提高简历的曝光度,我们要有超前的简历意识,还要站在招聘人员的角度去呈现你的简历。

视频 3-8
简历制作的
内容要点

3-9
笔试和面试的心法

烦恼情境

公务员、事业单位考试竞争太激烈了。有些人刚迈进大学校园,就开始着手准备"考编"。有什么秘诀可以帮助我们更好地准备公务员、事业单位考试的笔试和面试呢?

王丽:公务员、事业单位岗位往往"逢进必考",笔试是最关键的进入门槛。没有秘诀,只有经验。我想说的是勤奋真的有用。建议大家进入大学后,在学有余力的情况下,如果对体制内工作有所向往,那么,行测和申论就可以练起来。现身说法,我大四虽然保研了,但是大家都在考,我无聊也考了,在没有准备的情况下国考岗位我考了第31名,准备了一个多月后的省考岗位我就考了第11名。虽然两次我都没能进入面试,但给我留下最真切的感受:行测和申论练多了,真的有用。所以,对笔试唯一的建议就是"勤练真能补拙"。

少年:这个道理大家都懂,难就难在行动和落实上,大多数人都是三天打鱼两天晒网。请大家坚信通往成功的道路上只是看起来拥挤,实际能够真正坚持下来,你就赢了。还有一点大家都懂、但落实起来比较困难的问题就是面试时告诉自己不要紧张,但总归多数人还是会紧张。对于这个问题,丽姐有没有什么妙方?

王丽:这是我在讲座中经常提到的一个心法:将自己的小宇宙练就到把评委和观众当成"萝卜、大白菜"的境界。要达到这个境界,必须建立在一个强大的心理认知上:当你进入面试或者答辩现场那一刻,其实当天的结果已经确定。因为考官、考题、评委以及你自己的状态在进入考场、手机被封存的那一刻就不会发生任何变化,其实结果就已经确定了。想清楚这个底层逻辑,你就明白,除了适当的紧张有利于脑神经兴奋之外,过度的紧张对结果没有任何益处。因此,告诉自己,既然结果已定,我只要能够从容淡定地表达完自己就可以了。在日常生活中,遇到面试、答辩等重大挑战时要不断地强化这个认知,不断地强大内心,渐渐地你就不会在类似场合紧张了。

少年:就像丽姐所说的,既然结果无法改变,我就不耗费心力去焦虑、去紧张,而是自信从容地应对挑战。愿我们都能够早日拥有强大的小宇宙。

解忧心语

对笔试唯一的建议是"勤练真能补拙"。要想做到不紧张必须建立一个强大的心理认知:当你进入面试或者答辩现场那一刻,其实当天的结果已经确定。愿我们早日练就把评委和观众当成"萝卜、大白菜"的境界。

视频 3-9
笔试和面试
的心法

3-10
如何增强面试的表现力？

烦恼情境

即将要面对找工作的面试环节，我应该做哪些准备？是不是应该去买套正装？我感到十分紧张，怎么办？

少年：不为结果已定、无法改变的事情焦虑，要把精力用在可以改变的地方。面试一旦开始，结果就已经确定而且无法改变。为了提升面试表现，我们有哪些可以提前努力的地方？

王丽：我主要想到两个方面。一是外在，主要包括着装、声音、眼神、肢体动作等。得体的面试着装可以给评委留下良好的第一印象。面试时穿新的正装容易加剧紧张，所以，我建议面试当天穿的衣物要提前试穿。声音是清晰表达自己的载体，日常可以有意识地模仿新闻主播，锻炼自己的声音。很多同学害怕与评委进行眼神交流，容易给评委留下紧张、胆怯的印象。日常我们可以锻炼自己直视师长、领导的眼睛。生活中我们容易有一些习惯性小动作。在面试压力下，抖腿、手抖、捏衣角等小动作会加剧，会破坏评委对你的印象。在日常生活中可以在家人和同学的帮助下有意识地克制这些肢体小动作。

少年：面试一般都是短短的5~10分钟，通过外在给评委留下良好的印象，获得一定的感情分，这确实很重要。说完了外在，接下来我们聊聊提升内在吧。

王丽：是的，我们还是要由表及里，内在更多地取决于平时的积累和应考前的突击。这里我提两个小建议：第一，临时的佛脚还是要好好抱的，知己知彼，尽可能更加全面深入地了解所要应聘的单位和岗位。这也是应聘者最基本的素养体现。有些应聘者在面试中对单位的基本历史、重要情况一无所知，这明显给评委缺乏诚意的感觉。第二，训练自己语言表达的逻辑性，在日常表达观点时可以有意识地使用结构化的过渡框架，如"首先、其次、然后、最后"、"第一、第二、第三，总而言之"，这样可以让自己的回答更具条理性。

少年：确实如此，自从丽姐指导过我面试答辩技巧后，在日常生活中我就有意识地锻炼自己取标题、组段落、下判断、作总结、扬情感的面试答辩的汇报语言技巧，收益颇丰。所以，小伙伴们，你们也一起练起来吧，加油！

解忧心语

为了提高面试表现力,我们需要内外兼修。外在可以从着装、声音、眼神、肢体动作入手。内在更多取决于平时的积累,但临时的佛脚还是要好好抱的,知己知彼。在日常生活中要有意识地锻炼自己取标题、组段落、下判断、作总结、扬情感的语言表达能力。

视频 3-10
如何增强面试的表现力?

3-11
人格特质论

烦恼情境

不同星座、不同血型的类型特征是日常聊天的热门话题，也是社交场合拉近彼此距离的重要途径。心理学是如何划分不同人格特质的呢？

王丽：物以类聚、人以群分。一直以来，我们似乎总是喜欢把自己和人们划分为各种"类型"。西方哲学家根据体液的混合把人格气质划分为4种基本类型：果断冲动的胆汁质、活泼乐观的多血质、温和细腻的黏液质、内向敏感的抑郁质。在生活中，我们也会经常用血型、星座作为划分人格特质的依据。比如，说到找对象，很多人的第一反应是：你是什么星座，跟什么星座最配；你是什么属相，跟什么属相不能配。

少年： 是的，人格分类是我们日常社交的流行话题，也是众多影视剧里的著名场面。比如，《哈利·波特》系列也是采用评估学生人格类型的方式进行学院分配，善良谦卑的学生被分到赫奇帕奇，聪明自信的学生被分到拉文克劳，狡猾求胜的学生被分到斯莱特林，勇敢狭义的学生被分到格兰芬多。

王丽： 随着人格心理学现代研究的发展，人们越来越多地迷恋上通过标准化的量表测量人格特质的现代科学方法。各种人格测试量表被用在求学、求职、求偶的过程中。这种客观的测试量表是标准化的调查问卷，问卷中的问题包括价值观、兴趣、自尊、情绪等多方面的信息。心理学家通过精心设计测量出数百种人格特质。这就说明某些人格特质比其他特质更普遍、更核心，也就是说，有些特质在人群中是重叠的、聚集的。

少年： 心理学家通过因子分析，也就是利用统计的方法对人格测量问题进行系列研究，得出由5个中心的"稳定因素"组成的集群，被称作"五大人格"。它们分别是：描述人们对新体验开放程度的开放性，描述人们责任感和可靠性的责任心，描述人们外向、善于交际程度的外倾性，描述让人们善于合作、待人友善程度的宜人性，以及描述人们容易产生焦虑、内疚等负面情绪的神经质。

王丽： 大家可以对号入座，试试看，自己属于哪一种人格特质。

解忧心语

西方哲学家根据体液的混合把人格气质划分为胆汁质、多血质、黏液质、抑郁质4种基本类型。"五大人格"分别是开放性、责任心、外倾性、宜人性、神经质。

视频3-11
人格特质论

3-12
星座为什么看起来准?

烦恼情境

为什么看星座解说,大家都会觉得挺准的?是星座真的如此神奇吗?越来越多的场合使用性格测试,是因为它们真的如此准吗?

少年:前段时间看访谈节目得知,汪峰让章子怡感兴趣的点是在互动中帮章子怡看手相、分析她的性格。在生活中我们确实也会时常遇到通过血型、星座、面相、手相分析人格特质的桥段,有时候我们还会为之买单。比如,为了让自己找到更合适的工作、对象,甚至学校、专业,花钱看相算命,花钱购买人格类型的测量服务。那么,丽姐,你说真的那么准、那么科学、那么有用吗?

王丽:有时候看到星座解说,我忍不住感慨起来,这不就说的是我吗？太准了！但社会学及心理学的学习背景会让我冷静下来，以更加辩证、客观的态度去看待各种人格特质的测量及分析。要小心那些可以适用于任何人的万能话术。比如，"你有时觉得自己很外向，有时又内向害羞"，谁不是呢？"很多时候你会犹豫徘徊"，谁不会呢？如果大家仔细辨别，会发现每一项描述中都有类似的万能话术。这就是我们会觉得星座的话术非常准的原因。

少年：原来如此，难怪大家都对自己对应的选项描述挺满意，而且我们会不自觉地更加倾向于去捕捉自己身上早已认定的星座或者特质类型的影子，久而久之，就越陷越深。这就是所谓的"选择性注意"。选择性注意是认知规律中的常见现象，难以被发现，更难以避免。因此，我们要有意识地提醒自己：我所看到的世界是我所想看到的，现实并非全部如此。我们要时刻提醒自己运用辩证性的思维去了解自己、分析世界。

王丽：另一个有意思的现是，星座、人格类型的描述在人越多、越是商业化的场合就越受欢迎。因为越是商业化的社交场合，你所获得的描述就越趋于迎合奉承。我们总是难以抗拒对自己正向、积极的描述和肯定，深谙此道的商家便会设法提供让你看到美好与希望的测试结果。所以，我们应当捂紧口袋，辩证看待一些迎合性的人格特质分析产品。

解忧心语

我们要以辩证客观的态度去看待各种人格特质的测量及分析,警惕3种非理性的认知陷阱:一是要小心那些可以适用于任何人的万能话术;二是要防止陷入选择性注意;三是要注意越是商业化的社交场合,你所获得的描述就越趋于迎合奉承。

视频3-12
星座为什么
看起来准?

3-13
为什么我们容易以貌取人？

烦恼情境

老话说，"真人不露相"，"人不可貌相"。但现实生活中，我们还是很容易通过外在形象判断对方的阶层和实力。为什么我们容易以貌取人？

王丽：老话说，"人不可貌相"。但作为女生的我也爱看美女，赏心悦目、净化心情。印象深刻的是，在讲座中我曾向新生提问："你们觉得什么是一个人的综合素养？"有个同学自告奋勇地回答："老师，看脸！"我愣了一下，发现言之有理。除了颜值之外，人们还容易从穿着打扮、住的房子、开的车子、谈吐气质等方面去判断一个人的性格和品质。既然我们从小就被教育"不要以貌取人"，也知道外表具有迷惑性，为什么我们还是乐此不疲、心甘情愿地沉沦于美好的表象呢？

少年：从社会学视角来看这源于两点。一是我们需要知道对人和事物应该抱有什么样的期待。面对陌生人的时候，我们需要迅速地判断这个人是否具有危险性、攻击性，值得什么程度的信任，以便决定自己如何应对。在无法迅速、全面了解一个人的情况下，我们只能根据上述表象特性对其做出判断。

二是在纷繁的社会，我们需要与很多可能永远不需要彼此了解的人打交道，很多时候可能只是一面之缘、点头之交。因此，我们只需要迅速判断如何应对即可，至于表象的真实性、判断的准确性在很大程度上并不会对我们产生实质性的影响。但所有的必然都是一个个偶然合力的结果。有些似曾相识、一见如故的机缘或许就来自某次略有尴尬的撞衫、某次戳中人心的小动作。可见外表在很多时候会产生十分重要的影响。

王丽：社会学正念让我们更加清晰地意识到所有的外表都是经过设计而成，更加清晰地认识到外表、表象存在的意义以及可能的误判风险，能够让我们练就透过现象看本质的明亮之眼、豁达之心。

解忧心语

　　我们需要通过外表快速地判断对人和事物应该抱有什么样的期待；我们需要与很多可能永远不需要彼此了解的人打交道；我们需要清晰地认识到外表存在的意义以及误判的风险。

视频3-13
为什么我们容易以貌取人？

3-14
能力与形象哪个更重要？

烦恼情境

职场上甚至校园里长得好看的人似乎总会比较容易获得资源和机会。那么，颜值不够怎么办？到底形象和能力哪个更重要？

少年：在这个"看脸"的时代，外表或表象美好的重要性不言而喻。因为爱美之心人皆有之，我们很容易以貌取人。那么，职场上能力与形象哪个更重要？

王丽：我这个曾经的小胖子要来分享变瘦、变美的心得了。高中以来我的体重一直是非常稳定的130斤，大学军训我也一点没瘦，就从小胖子变成黑胖子，但后来我仅用一个学期就减重30斤，并且十多年来就没再超重过。我的做法是：减少主食类淀粉摄入，饭后半个小时坚决不碰凳子，少吃冰淇淋、甜品、早点刷牙、上床睡觉、在饥饿感中醒来，每周至少运动 4 次、每次运动 40 分钟到 1 个小时。其实，"管住嘴、迈开腿"的减肥铁律大家都知道，只是难以做到、难以坚持。另外，减肥要趁早，年轻的时候人体的新陈代谢比较快，有利于减肥。

少年：都说能够成功减肥 30 斤的人都是狠人，从这个角度看，丽姐对自己够狠。那是什么因素促使你下定决心减肥呢？

王丽：2007 年我面试校学生会，笔试、第一轮面试都顺利通过，在第二轮面试被淘汰了。站在浦口北平教室等待的我仔细思量：考入南大、通过笔试，说明大家的智力都经过检验；通过第一轮面试，说明大家都能说会道；他们还比我漂亮、比我帅，如果我是评委，我也选他们。于是，我立誓要减肥成功。

少年：你有没有感觉到减肥后获得的发展机会变多了？

王丽：这不是鼓动大家都去减肥，甚至化妆、整容。形象在更多的时候是为了衬托我们的能力，给人以更加自律、美好的第一印象。如果投入过多的精力塑造自身形象，而不是发展实际能力，那么，一旦遇到关键性考验，再美的容颜也难以掩饰个人能力的不足。比如，高考分数达不到或者特殊类型考核通不过，再漂亮、再帅也无法进入南京大学就读。

解忧心语

　　成功减肥 30 斤的"狠人"述说立志减肥的心路历程，美好形象的重要性不言而喻。美好形象能够烘托能力，给人以更加自律、美好的印象。但如果能力不过关，遇到关键性考验，"花瓶"依然会束手无策。所以，形象与能力两手都要抓，两手都要硬。

视频 3-14
能力与形象
哪个更重要？

3-15
职业隔离

烦恼情境

为什么全国"互联网+"大学生创新创业大赛的路演人选择会优先关注男队员?如果一个男生想当幼儿园教师,你怎么看?劝说男性不担任幼儿园教师与女性职业歧视的情景是否一致?什么是职业隔离?什么是性别隔离?

少年:记者提问颜宁:"作为一名杰出的女科学家,您是如何平衡工作与生活的?"颜宁说:"科学家就是科学家,不应该特别关注她的性别。"南大优秀的校友,中国第一位女舰长——韦慧晓,巾帼不让须眉的气度令人折服。但这些似乎不足以改变大家认为女性不太适合对脑力和体力具有极高要求职业的认知。人们更倾向于认为女性更适合需要耐心、细致的职业,如会计、幼儿教师等。

王丽：在社会学和经济学领域，这就会形成一种"职业隔离"现象。所谓职业隔离，指的是某一劳动者群体内部的职业分布与另一劳动者群体内部的职业分布极为不同的现象。在现实生活中，最典型的是存在女性职业和男性职业的分割，即性别隔离。女生在做职业选择的时候，很容易被这种职业隔离所影响。因为职业性别分布用事实告诉你，亲朋好友用经验告诉你，用人单位用偏好告诉你：哪些职业不太适合女性。就连我们在参加全国"互联网＋"大学生创新创业大赛的时候，选择答辩人也会优先关注男队员，因为在创业投资方面人们更容易对男创业者予以信任。

少年：既然是性别隔离，除了女性职业分割外，我们往往容易忽视男性的职业分割。比如，如果有个男生想去幼儿园当老师，你的第一反应是什么？估计在愣神之后，对方会被苦口婆心地劝说："幼儿园老师的工作婆婆妈妈、特别烦琐，你还是别去了吧，它不适合你。"此后还会摆事实讲道理，"你看幼儿园里几乎就没有男老师。如果你到幼儿园当老师，将来找对象可能都会受影响"。

王丽：于是，原本可以多一名幼儿园男教师的希望就这样被扼杀了。当然，不容忽视的是劝说男性不担任幼儿园教师的理由与打击女性选择从事对于脑力和体力要求极高行业的情境并非同一性质。我们应当对女性职业歧视给予重视。

解忧心语

职业隔离指的是某一劳动者群体内部的职业分布与另一劳动者群体内部的职业分布极为不同的现象。在现实生活中,最典型的是存在女性职业和男性职业的分割,即性别隔离。我们应当对女性职业歧视给予重视。

视频 3-15
职业隔离

3-16
从"大龄剩女"看家庭角色与职业性别的关系

烦恼情境

为什么有"女强人",却没有"男强人"的说法?同样是工作强势、雷厉风行,为什么仅仅因为性别不同评价就截然相反?女权主义强调什么,改变了什么?

少年: 都说现在最火的是情感类博主,一二线城市结婚率降低、离婚率走高、婆媳关系冲突、夫妻情感危机等社会问题讨论很多,连我平时关注的商业博主也必然会有相关的情感类段子。领导说,"女生在职场上能够走多远是看得见的,还是要把更多的精力放在家庭上","还没有结婚,说明还不够成熟稳重,不能委以重任",这是"大龄剩女"可能会遇到的尴尬。女生工作效率高、能力强,就会被贴上强势的标签,被称为

"女强人"。反之,男生则被称赞为有魄力、有实力,从来没听说过谁被称为"男强人"。

王丽:严肃点说,这是职业性别歧视。但我们甚至很多女生都觉得这些话似乎挺在理,没有什么问题。我曾经在就业指导课上问大家的职业理想,有位女生真诚地回答,"我想当全职太太"。对于这位95后的职业选择,我表示尊重与理解,但不免感到一丝唏嘘,接受了精英教育的女性会以全职太太为职业理想。

少年:近年来,致力于实现男女平等的女权主义已经受到广泛关注与认可。很多人认为平均结婚年龄推迟、结婚意愿降低都是女权主义觉醒的重要表现,但是"男主外、女主内"的传统家庭观念依旧深入人心。

王丽:社会学的敏锐告诉我,人们在生活中某一领域做出的行为将会影响其在其他领域的行为与结果。我们无法期待一个习惯在家把女人当附属的男性,在工作中能够平等地对待女性。正如科学家颜宁表示,为什么没有人关注男科学家如何平衡家庭与事业的关系?这个问题本质上就是对女性的职业歧视。

少年:在一次学术交流会上,一位香港学者表示在香港不存在大龄剩女的问题,因为他们认为经济独立、工作能力强的女生是优秀的,是值得尊重的,会受到社会和男性的认可。为勇于活出自我、创造美好半边天的女性点赞。

解忧心语

从"大龄剩女"视角看家庭角色与职业性别之间的关系。人在某一领域的行为会影响其在其他领域的行为和结果。为勇于活出自我、创造美好半边天的女性点赞。

视频3-16
从"大龄剩女"看家庭角色与职场性别的关系

3-17
什么是情感或职场"PUA"?

烦恼情境

男朋友经常说我这里不好、那里不对,怎么办?领导经常训斥我,怎么办?什么是"PUA"?什么是职场"PUA"?为什么越是高知人群越容易被"PUA"?

少年:丽姐,我在网络上看到有北京大学的女同学因为被男朋友"PUA"而自杀,太恐怖了。究竟什么是"PUA"?

王丽:"PUA"的原意是指"搭讪艺术家",是指通过系统化学习、实践,不断提升情商的行为,后来泛指非常会吸引他人、让他人沉迷,从而操控他人的行为,并逐渐从情感引申到职场,出现所谓情感"PUA"、职场"PUA"。从社会学视角来看,"PUA"就是利用观念操控他人去完成你想要做的事情。通过向他人灌输需求,让其产生依赖感,从而对他人产生支配的权力。我们应该意识到这种权力存在很大的潜在危害性。

少年：比如，情感上恋爱或婚姻中的一方对自己的过去、外貌、智力或者性格不够自信，如果另一方想要控制这段关系，就会巧妙利用这一点，"你这人这么多缺点，就我不嫌弃你，还这么爱你，除了我，没有人会接受你，所以，你要心存感激、懂得珍惜、好好听话"。日复一日，在这种观念的灌输下，当事人就会越发不自信，对另一方产生依赖，逐渐被控制，从而可能遭受语言和情感暴力而无法自拔。

王丽：在职场上，随着下属业务技能、工作经验的不断增长，自信和气场也逐渐提升，领导或前辈就可能因此感受到威胁。于是，领导或前辈就可能会说，"你这些都是小儿科，还有很多不足，你要学的还有很多，不着急，慢慢来。你锻炼、提升的机会都需要我们共同努力"。这就很好地提醒你对他的依赖性，进而加固对你的控制。

少年：有研究表明，越是高学历、高素质的人往往越容易被"PUA"。因为他们对自己的要求比较高，容易反思自己的不足，因此，就更容易被灌输自己有缺点、有问题的意识，从而觉得自己需要对方的帮助，离不开对方的控制。学习社会学正念，可以让我们更加清醒地对待和接纳自己的不足，更加清醒地在互动关系和利益格局中平等对待他人。

解忧心语

"PUA"是指通过系统化学习、实践，不断提升情商的行为,后来泛指非常会吸引他人、让他人沉迷,从而操控他人的行为,并逐渐从情感引申到职场。面对指责、建议,我们应当更加清醒地从关系互动和利益格局中分析他人与自己的关系,勇于接纳自己的不足。

视频 3-17
什么是情感或职场
"PUA"?

3-18
从全红婵一战成名拆解卓越的通用过程

烦恼情境

祝贺中国跳水"梦之队"独揽 2024 跳水世界杯柏林站"八金"荣誉。跳水队员们为什么可以一直表现卓越?什么是卓越的通用过程?如何用拆解过程分析全红婵一战成名的原因?

少年:9 人参赛、独揽"八金"的中国跳水"梦之队"完美拿下 2024 跳水世界杯柏林站比赛。虽然我最爱的全红婵小妹妹在单人 10 米台上遗憾摘银,但她在东京奥运会上以一场比赛 4 个满分的水花消失术扬名中外。能够令"跳水皇后"郭晶晶都羡慕的全妹妹到底为何能够如此卓越呢?很多人的第一反应是天赋、惊人的天赋。但如何得知她有天赋？因为她的跳水表现太突出了。你看，表现突出是有天赋的结果，有天赋又是表现突出的原因，我们陷入循环论证。

王丽：我们从社会学视角的"拆解过程"来分析全妹妹何以如此优秀。所谓拆解过程，是假设你有一个盒子，盒子有个出口显示的是卓越，我们要调查这个盒子是如何产生卓越的。盒子是不透明的，要看到里面发生什么，就必须打开盒子，以敏锐的洞察力分析盒子的组成过程。

少年：从对全红婵教练的采访中得知，除了符合跳水运动员的基本身体条件外，全妹妹表现卓越还有3个突出的原因。第一，不服输的自信。她天生比较好胜，自信是与生俱来的。她这个气场，教练都感慨自己做不到。第二，异于常人的努力。她比别的队员都要全力以赴、全神贯注。她每天盯着教练，要教练每天盯着她去训练。认真训练，认真地在技术上精益求精。第三，良好的人际交往。从对全妹妹的采访中可以看到，虽然年纪小，但她不怕生，有"社牛"潜质。想要不断进步，除了自身素质与努力外，还需要跟教练、队友探讨如何解决出现的问题。面对突如其来的关注，她需要跟媒体等社会各界做好沟通交流。

王丽：拆解全妹妹跳水成功的原因，我们知道卓越来自技术、自律、态度上的坚持不懈，是量变引起质变的过程。没有随随便便的成功，百炼才能成钢。

解忧心语

卓越的通用过程包括不服输的自信、异于常人的努力、良好的人际交往。卓越源自在技术、自律、态度上的坚持不懈，是从量变到质变的过程。

视频3-18
从全红婵一战成名拆解卓越的通用过程

3-19
贫穷文化

烦恼情境

在美国只要不未婚先孕、只要高中毕业就能摆脱贫困,但贫民窟的青少年为什么还是摆脱不了贫困?贫困会遗传吗?什么是贫穷文化?

少年:有人说在美国只要不未婚先孕、只要高中毕业,就可以摆脱贫困。但很多人依旧会陷入过早涉性、单亲妈妈、酗酒暴力等原因造成的生活窘困。

王丽:从社会学视角分析,大家可能会想到"贫穷文化"这一概念,它指的是穷人因为贫困而在居住等方面具有独特性,促进了穷人间的集体互动,从而产生出一种独立于社会主流文化的贫穷亚文化。在这种亚文化中成长起来的下一代会自然地习得贫困文化,塑造自身的基本特点和人格,使得即使他们遇到机会,也难以利用机会走出贫困。

少年:虽然贫穷文化遭到学术界很多批评,但是其反映的环境对人类行为的影响还是值得我们深思。为什么"孔雀东南飞"?为什么寒门子弟要"跳龙门"?为什么要致富先修路?这些都说明个体想要获得发展,必然会寻求能够赋予自身更多机会和资源的环境。而在集体层面,我国各项支持西部和偏远地区发展的政策以及振兴乡村计划都是希望给欠发展地区人民创造更好的生活。

王丽:从对贫穷文化的批评视角来看,我们不应当夸大穷人和其他人在文化上的差异,环境也不是决定或者解释一切的唯一因素。特别是生在这个人人平等、励志图强的伟大民族复兴时代,我们更有理由相信,任何人都可以通过努力改善自己的生活。

少年:在生活中,我们经常会遇到的烦恼是,对自己或者对别人的改善缺乏耐心,觉得只要自己一努力、一付出,情况就立马会有所改善。认为如果别人没有做到简单的改变,就会给他扣上不够勤奋、不够有思想、不够有见识的帽子。受到环境与互动的影响,任何改变都不可能一蹴而就,让我们对自己、对他人、对未来多点耐心,多些信心。

解忧心语

环境对人类行为有着不可忽视的影响,因为个人发展需要平台和资源。贫穷文化指的是穷人因为贫困而在居住等方面具有独特性,促进了穷人间的集体互动,从而产生出一种独立于社会主流文化的贫穷亚文化。身在人人平等的新时代,我们应对主观能动性有信心,对自己、对他人、对未来的改变要多些信心和耐心。

视频 3-19
贫穷文化

3-20
人类的理性选择

烦恼情境

找工作,大家都希望"事少钱多离家近"。但事实上通常难以两全,很多时候我们需要做出取舍。那么,我们如何才能做出理性的选择?

王丽: 最近在做大学生就业选择的相关研究,"选择"这个词经常出现在我的脑海里。大到找工作、找对象,小到选择课程、选择服饰,人们每天都在做大大小小的各种选择,人生面临一道又一道选择题。不管是在高考志愿填报时依据兴趣选择高校与专业,还是在找工作时依据本性喜欢"事少钱多离家近",在兴趣、喜好等背后都离不开权衡利弊的理性分析。

少年: 理性一直是人文社科的重要主题,从柏拉图、亚里士多德到笛卡尔的理性典范,从韦伯的理性化思想、霍曼斯的社会交换理论到哈贝马斯的沟通理性,理性成为众多社会学理论流派的核心概念。科尔曼的理性选择理论正是在西方文明理性特质的基础上,结合西方社会的现实生活,对人类的理性选择做了系统的社会学阐释。

王丽:科尔曼的理性选择理论由行动系统、行动结构、行动权利和社会最优4组基本概念构成。我们以找工作为例来剖析理性选择的系统。在找工作的行动系统中,必然包括求职者、招聘者、家庭、政府等多方行动者。各个行动者都希望以最小的资源成本实现更多的利益。求职者希望在最短的时间内找到最满意的工作,招聘者希望以最小的人力成本雇佣最合适的员工,政府希望能够实现充分就业、维护社会稳定、刺激经济发展等。由于行动者的资源、背景、行动方式不同,互动中就会形成不同的行动结构。行动者要能够互动、实现利益就必须拥有双方都承认的权利。比如,父母、老师对孩子就业选择的建议权只有在获得孩子认可的情况下才可能发生作用。如果孩子誓死不从,那么建议权就形同虚设。

少年:个体层面的理性选择都希望以最小的代价获取最适合的工作。科尔曼认为只有在没有外在影响的情况下,双方均能收获较为满意的利益才是社会最优状态。但社会生活是复杂的,找工作会受到国际时局、经济形势、社会变革、情感文化等多元影响。因此,促进大学生就业任重道远。让我们共同加油!

> **解忧心语**
>
> 　　理性选择理论由行动系统、行动结构、行动权利和社会最优4组基本概念构成。社会生活是复杂的,我们无法做到完全意义上的理性选择。择业观和职业观教育十分重要。

视频3-20
人类的理性
选择

第 4 篇

人际交往

4-1
爱的生物学密码

烦恼情境

问世间情为何物,直教人生死相许。为伊消得人憔悴,衣带渐宽终不悔。爱情神奇在它可以令人心花怒放,也可以让人肝肠寸断。究竟是什么让爱情拥有如此魔力?

王丽:很多时候说到"人际交往",大家的第一反应可能指的是人情世故、迎来送往、邻里交流。社会学定义的"人际交往"是个体通过语言、文字、表情、动作等手段向其他个体传递信息的过程。人是社会性动物,人类通过人际交往的过程建立包括亲属、伴侣、朋友、同学、同事等各类社会关系。上述各种人际关系中会有哪些甜蜜与烦恼?

少年:我最向往的是爱情,影视剧里各种"霸道总裁、大女主、傻白甜"的角色,"分手、车祸、患癌"三部曲,总是能牵动我的心弦。在生活中，看到父母相濡以沫，也会有争吵冷战，甚至分手离婚。有些同学会因为失恋而沉沦伤心、荒废学业，甚至陷入抑郁等疾病。问世间情为何物，丽姐，你怎么看？

王丽：爱情是世界上最令人心动也可以是最令人心痛的神秘存在。有人说，爱是一种化学物质，是荷尔蒙的产物，也有人说爱是一种契约，是信任与承诺。其实这些都有道理，是我们从生物学和心理学两个视角去解读爱。从进化生物学来看，亲情和爱情有着共同的进化的目的——保护物种的延续，因此它们有着相同的神经机制。促进这种机制的两种重要激素是后叶加压素和催产素。这两种激素不仅在父母与婴儿的照料系统中发挥重要作用，也影响朋友之间、恋人之间的信任感。

少年：原来如此，当我们在彼此依恋的互动过程中，大脑的奖励回路就会调节、释放一种叫"内啡肽"的激素，能够让人产生愉悦的快感。实验表明，追求内啡肽释放的快感可能是婴儿寻求关爱和拥抱的最初动机。成年人之间的所谓激情爱恋的上瘾特质，也正是由于内啡肽的释放。我们因在热恋期分开而感受到的情感和身体上的痛苦，也是相同的生物化学反应。

解忧心语

爱是一种化学物质，是荷尔蒙的产物，也有人说爱是一种契约，是信任与承诺。在彼此依恋的互动过程中，大脑的奖励回路就会调节、释放一种叫"内啡肽"的激素，能够让人产生愉悦的快感。

视频 4-1
爱的生物学
密码

4-2
爱的心理学密码

烦恼情境

有些人寻寻觅觅、兜兜转转，又回到最初的恋人身边。有些人同学情谊多年，却始终"落花有情，流水无意"。究竟是什么决定了我们会爱上谁？

王丽：浪漫主义者认为，世界上一定有一个真爱在等着他。茫茫人海，我们无法考求唯一的真爱所在。越来越多的心理学家、情感咨询师告诉我们：我们爱的不是特定的某一个人，而是某一类人，并且随着时间、经历的推移，我们所爱的类型也可能会发生变化。那么，是什么决定了我们会爱上谁呢？

少年：我想，首先的要素是可接近性、可获得性。如果月老告诉你：你的真爱在非洲某个部落，仅物理距离就会让你

"累觉不爱"。因此，我们倾向于从学习、工作或生活在我们周围的人群中选择朋友或爱人。从人际交往的视角来说，你首先要能够进入那个圈子，要能够有产生互动、发生故事的空间。

王丽：网上有个段子说，如果你单身，并且想要谈恋爱，出门扔个垃圾都要打扮打扮自己。因为爱恋产生的接近度告诉你，转角真的容易遇到爱。另一个关键性要素就是相似度，它是说我们往往倾向于选择那些与我们相似的人作为爱人和朋友。当然也有另外一个观点，我们往往容易被不同甚至相对互补的人所吸引。我个人更倾向于"性格相似，能力互补"的看法。也就是说，我们倾向于被具有相似态度、价值观、个性的人所吸引，而能力互补又能增加生活的默契。

少年：我觉得因为这样两个人在一起会更有共同语言吧。比如，一起看电影，共同探讨某个话题，更容易产生理解和共鸣，不至于话不投机，没说上两句就不欢而散。

王丽：能够聊到一起很重要。另外，我们出现选择能力互补的倾向性，也可能是由于对彼此的领域相对陌生，容易产生好奇和神秘感。双方对对方的专业领域相互感兴趣，也可以增加聊天的话题。当然，如果两人是同一专业领域，则可以探讨得更加深入、互帮互助，只是容易有生活中还在工作的错觉。在心理学视角下，爱的密码更多的只是规律性的总结。在现实生活中我们会看到很多"萝卜青菜各有所爱"的案例，愿我们都能寻得所爱。

解忧心语

我们倾向于从学习、工作或生活在我们周围的人群中选择朋友或爱人。我们倾向于被具有相似态度、价值观、个性但能力互补的人吸引。

视频 4-2
爱的心理学
密码

4-3
爱情的烦恼

烦恼情境

亲密关系出现裂痕,最令人痛苦的表现是冷暴力。正如刘震云在《一句顶一万句》中的描述,为什么一段感情开始时总是有聊不完的话题,渐渐地就会变得冷淡、无话可说?

少年:爱情中的争吵、冷战是典型的人际关系冲突。爱情,亲密时直教人生死相许,冷却时可令人肝肠寸断,分离时为伊消得人憔悴。从古至今,爱情始终是人文墨客热衷描绘的主题。那么,爱情究竟为何物,为什么能够拥有如此魔力?

王丽:在心理学上,爱被定义为激情、亲密和承诺的混合体。激情是一种情绪,由新奇和变化引发,就是所谓的

"新鲜感",这也就是为什么一段爱恋关系总是在最初时最富激情。亲密则源于对对方的深入了解,并随着了解逐渐积累和加深感情。因此,要维持一段长久而亲密的关系最关键的不在于早期的激情,而是双方在态度、价值观、性格等方面的磨合。最终双方如果能达成承诺,就会走进婚姻的殿堂。

少年:其实,我们定义爱的方式也会大大地影响我们对亲密关系的满意程度以及关系的持久度。如果一个人在亲密关系中一味追求激情、刺激、情绪快感,那么,当激情退却他就会认为对方的吸引力降低、爱消失了,就会开始寻找新的恋情,也会陷入"短暂恋情"的循环。而如果一对伴侣是从朋友开始,随着深入地了解彼此、渐渐爱上对方,正常的爱恋在激情退却后也会相对稳固。

王丽:除了对爱的定义不同,亲密关系的持久也离不开双方的经营。其中关键有两个因素:一是双方都认为这种关系是有益的、公平的。否则,长期感觉自己受益不足的一方会逐渐感到不满。二是双方都要以积极的动机和心态投入。正如有人把亲密关系比喻成银行账户,只有双方都积极主动地往里面存钱,才会有足够多的储蓄去负担分歧、争吵、冷战等情感的支出。如果只取不存,账户就会逐步走向亏损。所以,在日常生活中,让我们多一些言语、多一些行动,向家人、伴侣积极地表达喜爱与依恋,让我们的情感账户持续丰盈。

解忧心语

维持一段长久而亲密的关系最关键的不在于早期的激情,而是双方在态度、价值观、性格等方面的磨合。亲密关系的持久离不开双方的经营。

视频 4-3
爱情的烦恼

4-4
爱恋关系的类型

烦恼情境

有人说,"婚姻是爱情的坟墓,跟谁结婚都一样"。也有人说,"单亲家庭的小孩未来婚姻也容易不幸",究竟是什么决定了亲密关系的状态?

王丽:有人说,"跟谁结婚都一样",也有人说,"有一种人跟谁结婚都会幸福"。是不是有点绕口?"跟谁结婚都一样"是说爱恋关系都一样,显然心理学家不认同。根据爱的依恋理论,成年人的依恋关系可以分为安全型、焦虑型和回避型3种。有安全感的伴侣很少会嫉妒或担心被抛弃,也相对更富有同理心。而焦虑型的伴侣相对更加黏人,担心对方会离开自己,容易令对方感受到压迫,加剧关系紧张。回避型的伴侣则容易出现拒绝沟通、回避问题的倾向,容易让对方缺乏信任感。

少年："有一种人跟谁结婚都一样"对应到心理学上，是说成年人的依恋关系类型或者说他们属于何种依恋伴侣是与孩童时期父母如何照顾他们有关。如果父母相对冷漠，从小对其缺乏关注与关爱，长大后他就容易形成焦虑型或者回避型依恋关系。因为对父母、对伴侣缺乏信任感，导致难以形成持久稳定的依恋关系。如果从小受到父母良好的照顾与关爱，长大后他也更加容易信任他人与伴侣，也比较容易形成安全型依恋关系。

王丽：确实有点道理，不过这有点宿命论、童年论，有点过于绝对。人是社会性生物，我们所处的环境、所遭遇的经历都会对我们的人格、性格产生影响。同样不能忽视的是，我们的生理和情感机制对于新的人生经历会形成新的反应。因此，即使是相同、相似的经历在不同的人身上也可能会产生不一样的生理和情感反应。所以，没有特别美好童年的小伙伴也不要害怕、不要灰心。

少年：是的，在我身边就可以看到有些童年父母离异或者由其他因素导致相对缺乏照顾的同学，他们的性格也挺阳光开朗的，坚强是真的，乐观也是真的，为人真诚、乐于助人。所以，在亲密关系面前，我们不要给自己设限，要理性地看待、积极地投入、平等地对待、真诚地相处，收获适合自己的爱恋关系。

解忧心语

根据爱的依恋理论，成年人的依恋关系可以分为安全型、焦虑型和回避型。我们的生理和情感机制对于新的人生经历会形成新的反应。相同、相似的经历在不同的人身上可能会产生不一样的生理和情感反应。所以，不要给自己设限，要理性看待、积极投入、平等对待、真诚相处。

视频 4-4
爱恋关系的
类型

4-5
男人来自火星，女人来自金星

烦恼情境

都说男女有别，在亲密关系中男性与女性的情感需要有何不同？是什么导致这样的差异？为什么会逐渐出现"性别无差异化"现象？

少年：说到情感的话题，有本风靡全球的秘籍《男人来自火星，女人来自金星》，不知道小伙伴们有没有听说过？这本书主要阐述的是男人与女人在亲密关系中最主要的情感需要不同。通常来说，男人最需要的是信任、接纳、欣赏、崇拜、认可和鼓励，而女人最需要的是关心、理解、尊重、忠诚、体贴和安全感。

王丽：这一观点已经被社会大众广泛接受。我想解析一下其中蕴含的社会心理学观点：男女在表达爱、亲密互动上的差异在很大程度上是由于社会文化赋予的男女角色差异所导致的。在很多文化特别是在亚洲文化中，男性从小就被教育要坚强、男儿有泪不轻弹。男性过于情感化的表达会被认为是脆弱、软弱的证据，可能会遭到周围人的嘲笑。因此，男性在亲密关系中往往更倾向于行动而非言语情绪的表达。比如，主动追求女性，为伴侣做事。相比之下，女性从小就被教育要温顺有礼、温柔示弱，否则就会被认为"不女生"，甚至被嘲笑为"女汉子"。

少年：是的，不过现在的情况好像有点反转，感觉很多女生比男生在生活中、情感上更加果敢坚强，更加"行动派"。影视剧中所谓"大女主"的形象越来越多，也越来越受欢迎。很多霸道女总裁、精英女白领、杰出女科学家成为人们向往的女性形象。

王丽：确实，我想这主要是因为性别角色会持续受到社会、经济、文化力量的影响。在 20 世纪 80 年代之前，女性在劳动力市场、家庭经济格局中整体处于相对弱势，甚至是附属地位。因此，女性在亲密关系中更多地会缺乏安全感，需要更多关注与照顾。随着产业技术革命、经济结构变革，女性在劳动力市场获得成功的比例越来越高，这样就逐步改变亲密关系中的经济格局，女性也会越来越追求平等与独立。于是，男女在亲密关系中的情绪需求随着经济、政治、文化格局的变化而越来越中性化，或者说越来越无差别化。这也启示我们：无论男女都应该尽可能给对方信任、尊重、鼓励、关心、忠诚和安全感。

解忧心语

男女在表达爱、亲密互动方面的差异在很大程度上是由于社会文化赋予的男女角色不同所导致的。男女在亲密关系中的情绪需求随着经济、政治、文化格局的变化而越来越中性化。

视频4-5
男人来自火星，女人来自金星

4-6
如何面对分手？

烦恼情境

为什么被分手时我们很容易陷入痛苦和自我否定？如何才能更快更好地走出情感的旋涡？

少女：两情相悦时总会给人甜蜜的幸福，但很多时候爱情也会遇到争吵、冲突，甚至背叛、分手。能否恰当地处理情感中的冲突，也是我们感情成熟与否的标志。面对情感依恋剥离带来的思念、自我否定、痛苦，我们应该如何自处？

王丽：在我这个年纪不太可能没有为情困扰过。老话说"智者不入爱河"，我想那也是经历过后的痛定思痛。再怎么清醒的人在分手时也同样会伤心难过。作为一个自认为比较清醒的人是如何面对失恋的呢？首先，始终向自己强调：你离开任何一个人都可以生活下去,也都得活下去。你就假设一下,他如果突然故去,你应该怎么办?还是得继续生活下去吧?所以,在情感上我们离开任何一个人"都可以生活下去"。后半句"都得活下去"强调的是经济独立。在有些爱情中,一方对另一方存在经济依赖,分手的剥离就更为痛苦。但如果是这种情况,决定权在对方手里,你也只能接受。这启示我们:应该尽最大的努力,好好工作,至少让自己拥有离开任何人都能够活下去的经济能力。

少年:你真的好清醒、好理智。可是有时候很多人就是走不出来,越想忘记对方就越难以忘记,沉沦在痛苦中无法自拔,甚至引发抑郁、走上极端等。身边或者网络上极端的伤人事件很多就是由情感纠纷引起的,可见想要摆脱情感困扰真的很难。

王丽:实验研究表明,思想压制对摆脱情绪、忘却痛苦会起到反作用。当你努力不去思考某个人、某件事时,事实上你的大脑却在更加频繁地"加工"它。所以,当你越是克制自己不去想念某个人,实际上就越会延长你对他的情感反应。实验也给出两个应对的方法:一是将你的注意力集中在另一个能够分散注意力的想法上。比如,你可以寄情学习和工作,也可以关注新的有趣的人。二是向别人倾诉你的情绪。如果身边没有合适的人可以倾诉,那么可以对自己告白,把想要说的话写在纸上或者录音记录下来。

解忧心语

我们离开任何一个人都可以生活下去,也都得活下去。想要走出情感阴霾,可以尝试分散注意力和向他人倾诉两种方式。

视频 4-6
如何面对分手?

4-7
什么是社会支持？

烦恼情境

人生活在情境中，是社会性动物。所以我们一直很重视人际交往。但随着现代化、数字化进程，当代青年逐步出现"原子化"的现象。他们不再迷信社交，喜欢独处。究竟社会交往对于我们有什么支持作用？

王丽：人是社会性动物，人际交往贯穿于我们的生活日常、求学工作中。几多欢喜，几多烦恼。从学理来讲，社会支持是一种阐释社会关系的重要社会学理论。它是说人们在社会关系网络中，通过个人之间的接触得以维持社会身份，并获得相应的情绪支持、信息资源和物质援助，并可能形成新的社会接触。

少年：回想刚进入大学，来到一个新的环境，老师、学长学姐的热情接纳，加入学校、社团等集体带来的归属感，有助于我更好地适应大学生活。我想，这就是人际关系带来社会支持的很好例证。

王丽：除了融入集体的支撑作用之外，实验研究表明，良好的人际关系还有助于改善个人的健康，特别是对于特殊人群或者特殊时期而言。比如，对于要接受烈火考验的消防员来说，良好的人际关系有助于帮助他们在承受高强度的压力后恢复心率和激素水平。对于生病的人来说，如果能有家人陪伴，能够握着爱人的手，也有利于缓解痛苦的情绪、抑制脑区对疾病的激活度。哪怕只是看着爱人的照片，在一定程度上也有利于平复情绪。因为深情的、被喜爱的触摸能够提高体内"疗愈性"激素的水平，特别是能够提高使人放松并产生依恋感的催产素的水平。

少年：现在流行各种建立在现实需求上的互助小组。比如，有癌症患者互助小组、戒烟瘾者互助小组等，这些现实性互助小组并非建立在原有熟悉的人际关系之上。人际关系也会受到不同文化、不同个性的影响。研究发现，与欧美人相比，亚洲人更不愿意向朋友甚至亲密爱人寻求支持和帮助。因为他们担心可能会因此对彼此之间的关系产生负面影响，比如，担心让对方失望，担心被看不起、被边缘化。

王丽：我之前问过身边的人，如果自己生病住院，你是否希望亲朋来探视？有不少人回复，由于不想让熟人看到自己狼狈的样子，因此不希望被探视。愿我们在肯定自己的基础上，也能够勇于示弱，寻求并接受他人的支持与帮助。

解忧心语

人际交往有助于维持社会身份，获得相应的情绪支持、信息资源和物质援助，并可能形成新的社会接触。良好的人际关系还有助于改善个人的健康。人际关系容易受到不同文化、不同个性的影响。

视频 4-7
什么是社会支持？

4-8
美女为什么爱宅家？

烦恼情境

我发现我越来越不喜欢与人交往，就喜欢一个人待着，感觉人际交往会消耗心力，稍有不慎就容易引发冲突。我们应该如何面对人际交往中的消极情绪？

王丽：网上有个段子，说"美女基本都是宅在家不出门的，为了避免产生情绪内耗"。虽然这与实际情况可能并不完全相符，但不可否认，随着经济水平的提高，越到发达地区，人际交往的内耗也越会相对减少。当然，这样可能少了点人情味和烟火气。那么，为什么减少人际交往，意味着可以减少内耗呢？除了人际交往中的利益纠葛、事务缠绕，我们还可能会感受到敌意、孤立等消极情绪。

少年：生活中有些人相对比较易怒、容易产生对抗性情绪，这样就很容易制造人际交往中的摩擦。其实，医学发现，易怒本身就是容易导致免疫系统受损、血压升高、引发心脏病的危险因素。所以，在生活中，如果发生人际冲突，我们就要尽可能放松一点，提醒自己稍安勿躁，先自己降降火。

王丽：当然，如果不可避免地发生了正面冲突，我们也可以提醒自己：尽量做到表达消极情绪，而不是消极地表达情绪。这里可能也会出现我们通常所说的现象：女生更容易情绪化，更在意对方的态度和情绪；而男生更倾向于有逻辑地讲道理，更在意解决问题。希望在生活中无论男女遇到问题，都能够告诉自己：情绪不解决问题，甚至会加剧矛盾，冷静地绕过情绪、直击问题，才能解决问题。

少年：即使冲突过去了，问题解决了，但很多时候由冲突带来的消极情绪还是难以化解。我们比较熟悉的发泄方式可能有去饭店大吃一顿、去卡拉OK厅怒吼一通、找好朋友倾诉一番等。

王丽：我也这么干过，但随着年纪的增长，我越来越认同心理学研究的发现，摆脱消极情绪最好的方式是以宽容的态度去看待引发消极情绪的人和事，理解每个人的背景和经历不同，理解每个人的利益和立场不同。所谓"道不同不相为谋"，允许别人做别人，才能够真正地允许自己做自己。

解忧心语

　　易怒容易导致免疫系统受损、血压升高、引发心脏病等危险。面对人际冲突,我们要提醒自己稍安勿躁,先自己降降火;提醒自己尽量做到表达消极情绪,而不是消极地表达情绪;要允许别人做别人,才能真正地允许自己做自己。

视频 4-8
美女为什么爱宅家?

4-9
态度视角下的"会说话"

烦恼情境

各类演讲比赛、演说培训深受观众喜爱,最突出的例子就是脱口秀节目火遍荧屏,由此可见语言艺术的魅力、"会说话"的重要性。究竟什么是会说话呢?

王丽:"良言一句三冬暖,恶语伤人六月寒",在人际交往中"会说话"的重要性不言而喻。所谓"会说话",并非巴拉巴拉说个不停,或者巧言令色、哄骗他人,而是要言之有物,并且在恰当的时机以合适的方式表达自己的意见。

少年:我觉得"言之有物"确实最关键,令人愉快或引发不悦从本质上来说取决于态度。这里所谓的"态度",是指我们关于人、群体或观念的信念。如果是闲聊家常,大家可能不会过分执着于双方态度与否相似,比如,对某部电影或某首歌曲的评价。但如果谈话涉及宗教信仰、政治立场、利益分配，那么，相对立的态度必然会导致语言冲突。

王丽：是什么会影响我们的态度呢？明星代言、宣传广告利用了社会学上的熟悉效应，因为我们会倾向于对熟悉的人或事物做出积极正向的态度。所以，怀旧是永恒的经典，流行也总会轮回。另一个重要的影响因素体现在归因理论，也就是我们熟悉的内归因还是外归因。解释自己或他人行为的动机，如果倾向归因于个人性格就是内归因，倾向归因于特定情境就是外归因。由于我们对自己和他人的行为判断依赖的信息源不同，我们知道自己的思想过程，却不能总是知道别人的想法，因此就容易产生基本归因错误。

少年：如果你想要说服别人改变态度，应该怎么办呢？这里分享两个小小的技巧：一是"登门槛"技术。先向别人提出一个较小的请求，如果对方答应了，就会更容易接受你比较大的请求。另一个是"留面子"技术。先向对方提出一个难度较大、可能会被拒绝的请求，后期当你再提出一个难度相对较小的请求时，对方考虑到已经拒绝过你一次，为了照顾你的面子，答应你较小请求的概率就会比较高。

王丽：所以，在人际交往中我们要把脸皮稍微磨炼得"厚点"，不要怕被拒绝，适当地麻烦别人，并注重及时表达谢意，有利于营造良好的人际关系氛围。

解忧心语

　　"会说话"是在恰当的时机以合适的方式表达自己的意见。言之有物与否取决于说话者的态度。熟悉效应、归因理论都会影响我们的态度。"登门槛"技术和"留面子"技术这两个小技巧能够帮助我们改变别人的态度。

视频 4-9
态度视角下的"会说话"

4-10
社交礼仪

烦恼情境

中国自古就被称为"礼仪之邦",我们向来注重礼节、礼仪。良好的礼仪有利于营造美好的互动氛围。那么,在公务接待、日常交往中有哪些实用的社交礼仪?

少年:随着人们对生活品质、社交质量的关注,越来越多的有关社交礼仪的讲座受到小伙伴的关注与喜爱。这里我想首先厘清一个观念,在社会交往中别人没有对你做到基础礼仪,你能够理解并且不会因此而不悦叫作"不拘小节"。而你在条件允许范围之内遵循一定的社交礼仪待人,有利于营造和谐融洽的人际交往气氛。因此,不拘小节与掌握社交礼仪并不冲突。丽姐,你对于社交礼仪有什么心得?

王丽:结合生活中的切身感受与工作经验,我认为基础的社交礼仪有3个核心词汇，即角色、顺序和分寸。所谓"角色"，就是要弄清自己在社交场合承担的职能。在主场、关键时候要立得住，恰如其分地展示自己；在客场、配角时刻要沉得住，不要喧宾夺主。比如，上台演讲或者作报告，就不要扭捏胆怯；作为主人请客吃饭，就要照顾全场，遇到突发情况要勇于作出决策；被邀请担任伴郎或伴娘，就应该客随主便、主动收敛，让新人的美好更突出。

少年： 关于"顺序"，我最有体会的就是作为中间人如何介绍在场人相互认识。经过学习，我弄清楚介绍的基本原则是尊者优先、长者优先、女士优先。优先指的是可以优先知道其他人的身份信息。比如，我们应该先向尊者介绍其他人的身份，最后介绍尊者的身份。这是为了让尊者对于自己所处的环境能够预先有所判断、增强心理安全感。工作中比较常见的顺序还有开会时席卡摆放、就餐时座位安排、乘车时乘车顺序和座位安排等。大家可以自行了解。

王丽： 最后，我想说的是"分寸感"，这主要体现在对时机和细节的把握。比如，酒要满，茶要浅。"酒满"体现情意和大气，"茶浅"防止溢出或烫伤。在会场上我们可以先在茶杯中倒入三分之一的热水，等到嘉宾到场后，再增添至合适的位置，这样嘉宾就可以喝到温度合适的茶水。社交礼仪的具体细节非常多，我觉得没必要把它变成负担，只是希望我们在互动中多多思考"角色、顺序和分寸"这3点，用良好的礼仪营造美好的互动氛围。

解忧心语

基础的社交礼仪有3个核心词汇，即角色、顺序和分寸。要弄清自己在社交场合承担的职能，在主场、关键时候要立得住；要注重顺序，让尊者对于自己所处的环境能够预先有所判断；要加强对时机和细节的把握。

视频 4-10
社交礼仪

4-11
个人主义与集体主义

烦恼情境

导演吴京曾表示,"为什么你们觉得美国大片里一个人拯救宇宙是真实的,我的电影里一个人打赢一个连就不真实?"是什么原因导致大家对中西方电影产生如此对比强烈的评价?

少年:环境与个人因素对人格的形成有交互作用。文化作为软环境的影响力不言而喻。不同民族、不同地区、不同文化对于生活在其中的人们的个性特质将会产生潜移默化的影响。

王丽:我觉得说到文化差异的影响,最典型的案例就是中西方影视剧主角形象的差异。我们很容易发现,美国大片的主角通常都是个人英雄主义光环突出,英雄的主角可以拯救人民、拯救国家,甚至拯救宇宙。而中国影片通常都更加凸显集体的智慧、国家的强大、家庭的温情。我们可以很明显地感知不同文化对个体的关乎与强调的程度不同。我们把强调个体的独立性优先于群体需要的文化，称为个人主义；把更强调自我根植于人际关系，强调群体需要高于个人目标的文化，称为集体主义。

少年：艺术源自生活。研究发现，个人主义与集体主义的差异影响个体生活的许多方面，包括社会文化更重视哪些人格特质、是否重视人际关系、如何表达情感等。比如，做自我介绍这是一个最简单的例子，个人主义者的回答更多的偏向自己的性格爱好、理想抱负，而集体主义者的回答更偏向我来自哪里、家庭渊源、从事什么职业等。大家可以仔细回忆，到了一个新的环境，你的自我介绍反映出你更偏向于哪一种？

王丽：除了做自我介绍，个人主义与集体主义的差异也体现在个体的利他主义方面。在重视个人成绩的个人英雄主义文化中，照顾他人、照顾集体的利他主义相对容易被忽视。最鲜明的事例就是对待迟到的看法。在强调个人主义的文化中，时间是被个人线性化安排的，每个人都有自己的日程安排。准时是做事认真、为人诚信的重要体现，迟到被看作不敬业、缺乏礼貌的表现。而在强调集体主义的文化中，时间是横向的，人们可以同时做很多事。为了家人、朋友或者其他更重要的事情，临时取消预订或者让别人等待是可以被理解的。那么，对于迟到，你怎么看？你是偏个人主义还是集体主义？

解忧心语

不同民族、不同地区、不同文化对于生活在其中的人们的个性特质将会产生潜移默化的影响。个人主义与集体主义的差异影响个体生活的许多方面，包括是否重视人际关系、如何表达情感等。

视频 4-11
个人主义与
集体主义

4-12
是什么决定了我们的人格气质？

烦恼情境

有人羡慕"社牛"，有人喜欢"社恐"。有人爱热闹，有人喜欢安静。是什么决定了我们的人格气质？

王丽：有人说我天生性格比较内向，也有人说我天生比较高冷。似乎我们很容易接受基因对人格特质有重大影响的观点。那么，究竟基因或者说遗传对人格特质有什么影响？

少年：即使是刚出生的婴儿，他们的活动水平、情绪、反应能力、心率、关注力等也各不相同。我们把婴儿以某种方式对环境做出反应的生理性倾向称作"气质"，气质主要包括体现婴儿兴奋程度的反应性、体现婴儿容易被平复程度的舒缓性、体现容易积极还是消极的情绪性。随着时间的推移，气质会变得相当稳定，成为塑造我们人格特质的基础。

王丽：最能说明遗传对人格特质影响的就是一项有关双胞胎的研究。有一对同卵双胞胎在出生时就被分开抚养，在不同的城市长大。30年后，研究表明，他们有着一些惊人的相似之处，从事的职业、婚姻状态、喜欢的运动，甚至饮食口味都很相似。如果一个偏向于乐观或容易激动，那么，另一个也倾向于如此。因此，我们很容易得出这些相似之处是由于遗传造成的结论。

少年：确实如此，我们把对群体内个体间某一特征的遗传方差在总方差中所占的比例叫作遗传力。研究发现，群体中有大约50%的人格特质差异可以用遗传力来解释。我觉得此项研究结果有助于我们更好地接受自己及他人。鉴于我们的人格是在有遗传因素影响的气质基础上形成的，因此，很多时候我们很难彻底改变自己的人格。允许自己做自己，允许别人做别人，可以让我们更好地处理人际交往中的冲突。

王丽：但我觉得不能因此就把自己的人格完全归因于遗传，而放弃自我成长和改变。事实上，虽然人格相对稳定，但普遍会受到年龄和人生经历的影响。青年时期我们相对容易冲动，容易出现神经质；随着年龄的增长，宜人性和责任心增强；到了老年，外倾性和开放性则会明显下降。经历过重大事件或者承担过重要角色，也会对人格特质特别是女性的人格特质产生重大影响。因此，我们要在接纳自己的基础上，勇于尝试，勇于探索，也勇于接受改变。

解忧心语

气质是指婴儿以某种方式对环境做出反应的生理性倾向，是塑造我们人格特质的基础。虽然人格相对稳定，但普遍会受到年龄和人生经历的影响。我们要勇于接纳自己，勇于探索，勇于改变。

视频 4-12
是什么决定了我们的人格气质？

4-13
人格交互决定论

烦恼情境

家庭资本对代际传承的重要性不言而喻。为什么家庭出身会对人的成长产生重要影响呢?为什么又会"一娘生九子,各不相同"呢?

少年:人是社会性动物,所以环境对人格的影响不言而喻。从社会认知的角度来看,我们的行为在不同的环境与他人的互动中,因受到鼓励、批评、奖励、惩罚或忽视而做出调整,从而影响我们的人格气质。当然,我们的气质、性格、习惯等也会影响我们对环境的反应,影响我们在与他人互动中的反应。这个过程在学理上我们称为"交互决定论"。

王丽:确实如此,随着现代社会竞争压力的加剧,巨大的环境差异对于人格气质的影响体现得越来越明显。就用我们比较熟悉的高等教育招生来看，数据表明，能够进入著名985高校就读的贫困家庭学生比例比10年前有明显的降低。很明显这与高等教育招生改革、基础教育形态变革、社会教育机构发展的综合作用有关。

少年：当然，随着我国脱贫攻坚取得历史性的成就，家庭经济困难学生的总体人数已经大幅降低。良好的家庭经济和教养环境有利于学生学习智力的开发、综合素养的提升、兴趣爱好的培养。同时，由于接触到的事物相对更加多元，有利于形成不易怯场、相对外向、善于交际的乐观性格。

王丽：我们也会发现，同一个家庭的兄弟姐妹在人格气质方面也可能会有较大差异。以我家为例，除了在学习成绩上的差异之外，我的性格偏冷静、理智，妹妹则热情、活泼。别人经常会很认真地问："你们真的是亲姐妹吗？"俗话说，"一娘生九子，各不相同"。因为除了家庭出身外，我们每个人在成长过程中的经历不尽相同，特别是经历的重大事件不同。比如，进入某个重点班级、遇到某些特别好的老师、获得某个重大奖项等，这些都会影响我们的行为、习惯、人格。行为遗传学家把这些独特的、不确定的、与其他家庭成员不同的经历定义为"非共享环境"。显然，非共享环境对于我们的人生成长意义非凡，值得我们去努力拼搏，接受多元的机遇与挑战。

解忧心语

　　人类行为会在不同环境、不同互动中做出调整,从而影响其人格气质。气质性格也会影响我们对环境的反应。独特的、不确定的、与其他家庭成员不同的非共享环境对于人生的成长意义非凡。

视频 4-13
人格交互决定论

4-14
父母与朋辈对人格的影响

烦恼情境

都说"人是社会环境互动的产物",与我们互动最多的父母、同学、朋友对我们的人格形成、成长历程会有什么样的影响?

王丽:环境,特别是社会环境由人组成,所以,环境对人的影响归根到底还是环境中的人对我们的影响。在我们人格形成的关键时期,与我们互动最多的父母、同学、朋友自然成为影响我们人格特质的最重要的因素。

少年:丽姐以"自己与亲妹妹的性格截然不同"的自身经历,说明父母对于孩子人格特质的影响并没有我们想象的那么明显。我觉得这是不是跟人们经常说的与孩子出生的顺序有关。很多父母都是"第一个娃照书养,第二个娃照猪养"。丽姐是老大,所以父母在教养上会投入更多的耐心和精力。

王丽:好像确实有一定道理。父母自身所处的人生阶段、对抚养孩子寄予的期待、承受的社会压力等,都会影响他们对孩子的教养方式,而天生不同气质的孩子也会影响父母的教养方式。比如,父母对待"天使宝宝"自然相对比较和蔼宽容,对于调皮捣乱的孩子往往比较容易出现惩罚性行为。研究发现,父母对孩子人格特质的影响相对有限,特别是在孩子上幼儿园以后,父母的影响将会进一步减弱。

少年:上学之后同龄人对我们的影响会渗透到日常的交往之中。"物以类聚,人以群分",在可选择的情况下,我们往往倾向于选择人格特质跟我们相似的同龄人互动,在互动中建立彼此之间的信任,从而获得情感、信息或资源上的支持。与家人不同,同龄人中的朋友是我们可选择的,体现个人的气质喜好。

王丽:交互决定论告诉我们,同龄人对我们的人格特质存在不可回避的影响,因为我们一旦身处群体,就很容易受到群体压力的影响,容易做出符合群体利益或期待的行为,也会在群体压力下塑造自己的人格特质。同龄人与个体之间的交互影响更加启示我们"朋友圈"的重要性,慎重交友就是在为自己创造更符合个性化成长需求的环境。

解忧心语

父母自身所处的人生阶段、对抚养孩子寄予的期待、承受的社会压力等,都会影响他们对孩子的教养方式。我们往往倾向于选择人格特质相似的同龄人互动,在互动中建立彼此之间的信任,从而获得情感、信息或资源上的支持。

视频 4-14
父母与朋辈对人格的影响

4-15
从物化男女现象看相似的模式

烦恼情境

著名演员靳东曾表示,互联网时代靠在镜头前搔首弄姿就可以挣钱的现象不利于青少年形成正确的价值观。在选秀节目中我们经常看到唇红齿白的"小鲜肉"。物化女性与物化男性模式相似,但为何不能等同?

王丽:随着网络直播形态的发展,物化女性之风日益更盛。有人说,女性也会对男性物化,欣赏"帅哥"和"美男子",也会有以男色为主题的影视节目。物化女性与物化男性模式相似,但把两者等同起来显然并不合适,其原因有二:一是男性会更频繁地在更多的场合表现出对女性的物化,并且更容易被社会舆论所接受;二是两者的物化结果不同,因为男性相对拥有更多的权力,也更容易在身体、经济、文化等方面伤害女性。

少年：我们必须注意物化男性和物化女性带来的后果十分不同，这取决于谁在什么条件下对谁进行物化，尤其是在权力严重失衡的情况下。因为女性往往缺乏相应的伤害男性的权力，虽然大众也曾经感慨某落网的女干部的权色交易，但这属于少数情况。

王丽：寻找事物之间的相似之处是好事，可以让我们更便捷地了解社会世界运行方式的一些重要方面。比如，有研究显示压力会导致一定的疾病和死亡。在现实生活中，我们发现，生存环境恶劣的工人会出现健康问题，公司高管也会因为压力而出现健康问题，甚至猝死。虽然工人和高管因压力导致健康疾病的模式相似，但因此认为这两个群体遭受同样的压力显然不合适。因为工人的压力更多的是源自他们缺乏选择的权力，而高管的压力更多的是因为想要保住或进一步增大自己手中的权力。两者之间有着质的差别。因此，当面对生活中相似的情境、相同的模式，我们需要更多地从背景、历史和权力的角度去探讨，因为相似并不意味等价。

解忧心语

男性会更频繁地在更多场合表现出对女性的物化。两者物化的不同结果，取决于谁在什么条件对谁进行物化。

相似并不意味着等价。面对相似的情境、相同的模式，我们需要更多地从背景、历史和权力的角度探讨。

视频 4-15
从物化男女现象看相似的模式

4-16
透过模式看模式

烦恼情境

社会上对"大龄剩女"常会有这样的评述:"现在单身的优秀女生比男生多,所以,你不要挑了,差不多就行了。"事实真的如此吗?大城市"剩女"比"剩男"多吗?"剩女"都比较优秀吗?

少年:世间万物皆有规律,社会万象皆归模式。发现规律、研究模式可以让我们更好地适应社会生活的发展。比如,你发现周围寻求介绍对象的女生要多过男生。于是,我们就总结出婚恋领域的一个模式:大城市"剩女"比"剩男"多,而且"剩女"都比较优秀,并且找出这个模式存在的原因,"A男找B女,B男找C女,剩下来的A女又不愿意将就 C 男"。再加上传统观念里人们更看重女生的生育能力，于是，大家就给出人生建议：女生要把握年龄优势，趁早结婚；如果年龄大了，女生就不能太挑剔、要求太高。

王丽：我认为产生这一结论的原因其实是我们对男生优秀的标准比女生优秀的标准要高，特别是对工作能力和经济属性方面的要求。大家会觉得女生工作稳定、长得不错就是优秀。但如果是男生工作稳定、长得不错，大家可能就会觉得他还行，还不能算优秀。男生要工作能力突出、有房有车、家境良好才是优秀。可是在竞争压力大的当今社会，长得不错、工作稳定、温柔懂事要比职场打拼、能力突出容易得多，正是在这样的"双标"之下，女生容易比男生"优秀"，优秀"剩女"自然就看起来比优秀"剩男"要多。

少年：社会学正念告诉我们，在发现或者习得某种模式后，应该学着进一步追问为什么，为什么会存在这样的模式。正如我们从"剩女"比"剩男"多的情感模式中探究出背后的经济模式：男女在社会生活中承担的经济角色和压力差异在择偶上作用显著。愿我们都能够学着透过规律的背后，看透模式中的模式，活出更清醒的自我。

解忧心语

在发现或者习得某种模式后，我们要学着进一步追问为什么会存在这样的模式。在"剩女"比"剩男"多的模式背后,是大家对男生优秀的要求比女生高,特别是在工作能力和经济实力方面。事实上,女生工作稳定、温柔懂事要比男生工作出众、经济富裕容易得多。

视频 4-16
透过模式看模式

4-17
君子群而不党,小人党而不群

烦恼情境

都说中国是一个人情社会。从小到大,你可能也被教育"多个朋友多条路",于是,大家都相信人际交往的重要性。在觥筹交错中你是否也会厌倦应酬?内向的你是否会有社交焦虑?

少年: 都说"有人的地方就有江湖,有江湖就有帮派",用现在流行的话说,"有人的地方就有圈子"。职场上人们很容易区分是不是自己人,生活中我们经常说一个人是否合群。"君子群而不党,小人党而不群",孔子通过结党与否来判定是君子或小人。君子行为庄重,与人和谐但不结党营私;小人为了个人利益,与人结党营私而不合群。合群与结党的区别是什么?

王丽：从社会学的视角来看，这说明群体之间的界限以及群体的性质非常重要。群体的界限决定哪些人是群内人、哪些人是群外人，可以通过哪些方式进入或者离开群体。群体的性质决定群内人应该得到什么样的关注与尊重，群外人是否会相对得到较少的关注与尊重，以及是否会因此导致不尊重群外人的现象。

少年：对普通人而言，可能很少有是否主动结党的隐忧，但很容易陷入社交焦虑。一方面羡慕"社牛"的八面玲珑、如鱼得水，一方面又会厌倦觥筹交错、推杯换盏，只想一个人待着。但考虑到可能会被排除在群体之外，错失很多可能的机会与资源，甚至被排挤和孤立，还是会选择硬着头皮去应酬。

王丽：如何处理好实干业务与人际交往之间的关系是每一个职业人的困惑，特别是对于体制内工作的人来说。习近平总书记鼓励大家"少出去应酬，多回家吃饭。省下点时间，多读点书，多思考问题"。虽然"八项规定"实施以后，请饭喝酒之风有所收敛，但应酬氛围以及应酬的作用依然存在。让我们多读书、多运动、多陪家人吃饭，共同营造风清气正的职场生态。

解忧心语

"君子群而不党,小人党而不群。"群体间的界限以及群体的性质非常重要。少出门应酬,多回家吃饭,省下点时间,多读点书,多思考问题。

视频4-17
君子群而不党,小人党而不群

4-18
为什么我们不爱多管闲事了?

烦恼情境

"唐山打人"事件为什么有人拍视频,却没有人出手相助?现代人为什么不爱多管闲事了?

少年: 看到"唐山打人"事件路人拍摄的视频,为受害者感到心痛,对施暴者予以谴责,为伸出援手的路人点赞。回过神来,拍摄视频的路人在干什么?经过的其他人在干什么?为什么没有上前去援助受害者?我们可能会认为未伸出援手的路人胆小懦弱或冷漠无情,想象如果是自己在现场,可能会有更勇敢、更善意的行为。类似的"吃瓜群众"心理在自媒体时代时常会出现。

王丽: 从社会学视角来看,我们在评判事件或者定性人物的时候,应该试着通过观察情境而非简单地从人物个性或情感出发。因为人在情境中是依据与其他利益的相关性做出反应。

看到有人被暴力对待，道义上认为旁观者肯定应该出手相助。但如果仔细考虑旁观者所处的情境，他面临着 3 个问题：第一，判断情境。为什么会发生打人的情境，很多旁观者并没有看到前因后果，无法贸然判断谁在被打、施暴者是谁、为什么会被打。第二，确认是否需要提供帮助。现场肯定已经有人拨打 110，我不清楚情况如何提供帮助？第三，如果我提供帮助，会面临什么样的风险，我是否处理得了如此混乱的场面？我会不会也被打？如果去帮助有可能自己也被打或者要到警局协助办案，会不会耽误其他的行程安排，给自己带来很大的困扰？

少年： 因为有这样的思考，不少旁观者就会选择冷漠相待。这也解释了为什么现在大家尽量避免多管闲事。当然，这不是为没有见义勇为者提供借口，只是提醒大家要关注情境对人类行为的影响，不以局外人的想象去指责不符合我们期待的当事人。

解忧心语

旁观者面临着三大问题：界定情境，判断要不要出手相助，评估自己能否承担帮助的后果。关注情境对人类行为的影响，不以局外人想象我们会去做而指责没有行动的当事人。

视频 4-18
为什么我们不爱多管闲事了？

4-19
来自自己人的吐槽

烦恼情境

似乎每个集体都会有来自自己人的吐槽。比如,我们也会吐槽"南京大学又难又大"。吐槽归吐槽,我们还是要追问为什么会"又难又大"呢?是学校的错,还是身在其中的我们的错?

少年:在学校偶尔会听到"什么叫南京大学?这就叫南京大学,又难又大"。我想,不管哪个单位都会有来自自己人的吐槽,爹妈"打是亲,骂是爱",不妨碍我们南大人依旧无限热爱母校。但冷静思考,"到底是学校的问题,还是我们的问题,南京大学怎么着我们了?我们怎么忍心让它又难又大?"在很多时候,人们往往事不关己、高高挂起,即使关己，也会习惯性地表示无能为力，把这当成所谓的"组织的宿命"。

王丽：具有社会学正念的我坚持认为群体、组织是由一个个具有主观能动性的个体组成的。面对环境，我们完全可以去做一些与先前不同的选择，做出更加积极努力的改变。道理似乎挺简单，为什么事实证明我们总是很难做到呢？人在情境中，身处其中的我们总是习惯于按照文化观念、既有模式行动，很难触发我们重新定义情境、选择不同的行动目标与方式的动力。因为打破常规、提出质疑需要承担风险与后果，继续照老办法行事则法不责众、罪不在己。明知不合理，却选择视而不见、避而不谈，身在其中的人都应对此负责、为此羞愧。很多匪夷所思的形象工程、令人乍舌的贪赃枉法、明目张胆的胡作非为，都离不开同流合污的从犯、明哲保身的群众。

王丽：一个人如果在某件事情上行事特别荒唐，那他肯定在很多事情上也不会清醒。一个单位、一个组织同理。从这个角度来看，嫉恶如仇不仅是难能可贵的品质，更是让社会更加美好的有力助推剂。愿我们更加清晰地认识到，人类创造了社会环境、行为模式，也有改变环境与固有模式的力量。

解忧心语

　　人在情境中，我们习惯了原有模式，对不合理选择同流合污或视而不见。人类创造了社会环境，我们也拥有改变环境的力量。我们完全可以去做一些与先前不同的选择，做出更加积极努力的尝试。

视频 4-19
来自自己人
的吐槽

4-20 学会倾听

烦恼情境

有人说:"人为什么是一张嘴巴、两只耳朵?"因为会倾听比会说话更难。在很多时候我们会强调语言表达的重要性,却往往容易忽视会倾听的重要性。那么,如何才能学会倾听呢?

王丽:说到良好的沟通能力,大家的第一反应是"会说话",要学习语言表达的技巧。但与输出方相比,接收方往往容易被忽视,事实上,良好的沟通离不开学会倾听。可能有人会纳闷,不就是听着,这有什么难的?请大家仔细回想一下最近的一次谈话,是否是你自己侃侃而谈、聊得很尽兴?你注意到对方的神情了吗?还是双方话不投机、不欢而散?你从那次谈话中了解到什么信息?收获到什么?

少年:认真思考这些问题有利于我们评估谈话的质量,也提醒我们，倾听犹如说话一样重要。学会倾听，我们才可以真正地了解他人的经历、感受、观点，了解世界的真实、多元、变化。

王丽：社会学的背景让我对倾听的重要性更加明晰。结合个案访谈的调查经验，我认为学会倾听需要做到以下5点。第一，要集中注意力，只有沉浸到谈话中，才能为说话者营造敞开心扉的氛围，倾听者也才能够更加敏锐地捕捉谈话的信息。所以，我对待任何有意义的谈话，事先一定会摒弃手机的干扰。第二，要注重反馈和重新表达，给予说话者积极的反馈。大家可能有过类似的经历，如果对方只是敷衍地表示，"嗯、噢、你说得对"，那你就没有继续说下去的兴趣。当对方能够以他的语言和情绪重新表述你的意思，你就会仿佛遇到知音，滔滔不绝。第三，应当不带评判地倾听，不要轻易提出建议。倾听最难的是始终以说话者为中心，因为我们总是抑制不住表达自己的观点，把话题引到自己身上，实际上这样会加快终止这次谈话。因此，我们要时常告诫自己，除非对方主动寻求建议，切忌好为人师。第四，善于提问。倾听时如果我们给予说话者"当时你有何感受"、"之后又发生了什么"等简单又恰当的问题，可以让其有话题继续聊下去。第五，听懂话外音。在很多时候因谈话者内向、表达力有限或情境复杂，其语言无法准确地表达出全部真实的信息，我们要试着结合说话者的语调、神情，积极体悟其话外音。如此才能够产生相谈甚欢、相见恨晚的反应。

解忧心语

　　学会倾听可以让我们更好地了解他人、了解世界。良好的倾听需要做到：集中注意力，注重反馈和重新表达，不带评判，善于提问，听懂话外音。

视频 4-20
学会倾听

致 谢

  这本书在某种程度上是 2024 年上半年出版的《大思政——以社会学视角》的姊妹篇。短时间内又一次写致谢，虽不免欠缺了点新鲜感，但仍有些许感悟与感恩。

  从 2020 年出版第一本书开始，写作成为我生活中不可或缺的一部分，有时候是对生活中某些瞬间的感触，有时候是对某个知识点的阐发，甚至有时候可能是一觉醒来的灵感。无论思维的火花从何而来，当它能够以成书的文字呈现时，那份欣喜经久不衰。周围人偶尔会感慨于我的高产，回顾成书之路，我想说，确实不易。

  随着互联网成为当代青年学习与生活的主要场景，网络成为思想政治教育的主阵地，这对思想政治教育工作的"有声有色"提出了新的要求与挑战。于是，我开启了"睿丽升涯"个人公众号的更新，在"我们都是社会人"和"学思二十大　敢为新时代"两个系列微视频的基础上，我推出了"青春没烦恼"系列,并孕育了此书。"青春没烦恼"系列采用我与学生对话的形式呈现,在制作的道路上收获了很多单位与同学的帮助。感谢大众书局南京大学仙林校区店对系列视频提供拍摄场地,不知道书友们是否有感受到纸张中透出的咖啡芬芳呢?感谢利用课余时间参与视频录制的所有可爱的少年们,是你们用青春的活力为此书增添了光彩。

录制、更新视频的日子是忙碌而充实的,用现在流行的话叫作"痛并快乐着",除了网友们的鼓励与喜爱,在压力之余,也会遇到困惑与不解。做好网络思想政治教育工作最先要学会的就是如何面对来自网络和身边人的评价,正向的评价意味着要好上加好的压力,负向的评价意味着自我反思的动力。不论如何,我的经验之谈是至少脸皮会磨练得厚些、小心脏也会变得更加坚强一些。所以,我想认真地对自己说声"辛苦了",拥抱并感谢一路努力坚持着的自己。

十分欣喜成书路上有领导、同事的支持与指导,有亲朋好友的关心与帮助。感谢为此书出版牵动美好缘分的复旦大学生命科学学院张荣梅老师,感谢为此书出版倾注心血的梁玲老师,感谢复旦大学出版社。

感恩生命中有你们!感恩生命中的每一天!爱你们!

图书在版编目(CIP)数据
对话青春:网络思政教育实践/王丽著.--上海:
复旦大学出版社,2024.9.-- ISBN 978-7-309-17637-7
Ⅰ.D432.62
中国国家版本馆CIP数据核字第2024CK1138号

对话青春——网络思政教育实践
王　丽　著
责任编辑/梁　玲

复旦大学出版社有限公司出版发行
上海市国权路579号　邮编:200433
网址:fupnet@fudanpress.com　http://www.fudanpress.com
门市零售:86-21-65102580　　团体订购:86-21-65104505
出版部电话:86-21-65642845
常熟市华顺印刷有限公司

开本890毫米×1240毫米　1/32　印张8　字数166千字
2024年9月第1版
2024年9月第1版第1次印刷

ISBN 978-7-309-17637-7/D·1203
定价:39.00元

如有印装质量问题,请向复旦大学出版社有限公司出版部调换。
版权所有　　侵权必究